国际学生公共汉语课程核心教材

通用学术汉语

思辨与表达

（上）

主　编　施　虹
副主编　郭婵丽
　　　　陈　敏
　　　　赵银姬

北京语言大學出版社
BEIJING LANGUAGE AND CULTURE UNIVERSITY PRESS

图书在版编目（CIP）数据

通用学术汉语 ：思辨与表达. 上 /施虹主编 ；郭婵丽，陈敏，赵银姬副主编. -- 北京 ：北京语言大学出版社，2025. 5. -- ISBN 978-7-5619-6620-4

Ⅰ. H1

中国国家版本馆CIP数据核字第20246J1944号

通用学术汉语：思辨与表达（上）

TONGYONG XUESHU HANYU: SIBIAN YU BIAODA (SHANG)

排版制作：北京创艺涵文化发展有限公司
责任印制：周 燚

出版发行：北京语言大学出版社
社　　址：北京市海淀区学院路15号，100083
网　　址：www.blcup.com
电子信箱：service@blcup.com
电　　话：编 辑 部　010-8230 1019
　　　　　发 行 部　010-8230 3650/3591/3648
　　　　　北语书店　010-8230 3653
　　　　　网购咨询　010-8230 3908
印　　刷：河北赛文印刷有限公司

版　　次：2025年5月第1版　　印　　次：2025年5月第1次印刷
开　　本：889毫米 × 1194毫米 1/16　　印　　张：15.25
字　　数：217千字
定　　价：78.00元

PRINTED IN CHINA

凡有印装质量问题，本社负责调换。售后 QQ 号 1367565611，电话 010-82303590

前言

近年来，随着汉语国际影响力不断提升，汉语学习需求不断扩大，来华攻读学位的国际学生数量逐年增加。新时代背景下，围绕服务国家外交大局和高校“双一流”建设目标，以培养具有全球视野和一流专业素养的知华、友华国际人才为总目标，同时为满足高校国际学历生教育需求，国际学历生的公共汉语教学面临新的挑战。

教材编写团队自2018年开始针对国际学历生汉语教学进行了一系列改革，以“汉语能力和学科素养培养并重”的教学理念为指导，在提高国际学历生汉语水平的同时，将语言学习与提升学科素养、提高跨文化交际能力、加强国情教育等结合起来，这是高校国际学历生汉语课程改革和教材建设的重要方向。团队经过六年探索和实践，新编的《通用学术汉语：思辨与表达》体现出“五个特性”：汉语知识和学科基础知识的通用性，各优势学科专业知识的交互性，跨文化学术活动中交流与表达的思辨性，完成专业学习研究任务、参与学术竞争能力的高阶性，正面理解当代中国国情的教育性。

针对这“五个特性”，本教材在编写时注重培养学生的“五种能力”：学术汉语的综合运用能力、专业学习研究中的思辨与表达能力、跨学科及跨文化理解能力、专业学习研究的综合竞争能力、对当代中国国情的理解能力。教材的“五个特性”和对学生“五种能力”的培养，使教学逐步实现从通用汉语到通用学术汉语的范式转换。

在教材编排时，各单元内容在遵循语言教学规则的基础上凸显学科主题。从计算机科学、食品科学、环境科学、航空航天、生物医学、材料科学、心理学、传播学等学科中甄选主题，与时俱进；将下定义、分类、提问、解释、归纳、论证、质疑、评价等思维训练和汉语表达方式，与各学科基础知识的学习相融合，推动学生在沉浸式的专业学习中进行思维与表达训练。本教材还突出多媒介、多形态、多用途及多层次等特点，指导学生使用汉语进行基础性专业学养训练，培养并提高国际学生的思辨能力与表达能力，为其进行专业学习和研究打下必要的语言基础和学养基础。这一编写思路和教学实践，在国内同类教材中属大胆尝试，在一定程度上填补了国际中文教育领域相关教材的空白。

近几年来，国际中文教育领域不少专家已经开始关注到专门用途汉语的教学和教材问题，也有不少优秀的教材出版。这些成果更加激励编写团队勇于挑战和创新，致力于编写出针对性强且内容新颖、呈现形式多样化的教材。不过编写时因水平和资料的限制，仍旧会有考虑不周之处，还请专家和广大师生不吝指正，我们会不断改进，使其日臻完善。我们也相信，随着国际中文教育事业的蓬勃发展，未来会有更多相关优秀教材问世。

在此特别感谢教育部中外语言交流合作中心、中国高等教育学会和北京语言大学出版社的帮助和支持，感谢浙江大学国际教育学院的资助。同时，也感谢翁淑喆、蔡和畅、方洁瑜等研究生团队为教材编写所做的辅助工作。

1. 适用对象

据2020年来华国际学生人数统计，全国600多所高校已有近20万国际学历生。浙江大学2024年国际学历生在校人数已超过4000，分布在全校20多个学院近百个专业。教育部《学校招收和培养国际学生管理办法》明确规定："汉语和中国概况应当作为高等学历教育的必修课。"汉语课程的重要性不言而喻。

本教材的适用对象主要有四类：1. 进入中国高校和职业院校攻读本科学位的国际学生；2. 进入中国高校和职业院校攻读硕博学位的国际学生；3. 即将进入中国高校和职业院校攻读学位的预科生；4. 希望提高专业学术素养和学术汉语表达能力的汉语学习者。

2. 定位

本教材在能力目标上，培养学习者通用学术汉语听说读写的能力、运用线上资源进行自主式学习的能力、团队合作与协作式学习的能力，以及探究式学习与批判性思维的能力；在知识目标上，希望学习者熟记通用学术汉语的核心词汇和表达句式、掌握通用学术汉语的核心技能、掌握典型学术场景中的汉语表达方式，并了解运用汉语进行学术写作的基本规范；在素质目标上，把学习者培养成具有学术汉语交流与写作能力的研究型人才、具备数字信息素养的自主学习者，以及知华、友华的国际型人才。

3. 编写理念与特色

通用学术汉语课程的目标是培养、训练国际学历生的思辨能力与汉语表达能力，提高国际学历生的汉语水平和专业学养。为了达到此目标，教材编写力图做到"纸质教材、在线课程、课堂教学"的同步设计、整体研发，形成以纸质教材为核心、数字资源为配合的新形态教材。数字资源主要借助2021年教材编写团队在中国大学MOOC（慕课）和智慧树平台上线的配套慕课《通用学术汉语：思辨与表达》，并基于北京语言大学出版社的数字化平台，嵌入慕课、微课、视频、音频、作业、测试、拓展资源、主题讨论等，将教材、课堂、教学资源三者融合，实现线上线下混合式教学的教材出版新模态，力求做到"慕课微课数字化，线上线下混合式，自学导学探索式，练习测试题库化"。

教材运用语言学领域新近的研究成果，以任务型教学为主导，根据课程内容与教学需求进行整体设计，致力于以学为本的课程体系建构，合理安排在线课程与课堂教学资源，形成与在线课程交叉互补、相互配合又能独立运用的新形态一体化教学体系。调研高校热门专业并搜集优势专业相关资源，选择新颖、内容丰富、操练性强的材料作为课文，将学生所需的汉语技能合理分解成听说读写的技能小点，遵循学术技能由易到难的顺序，多层次展开并引导学生理解运用，同时在课文之后巧妙设计切合每课语言技能与学术素养训练目标的练习与作业，引导学习者进行扩展性、探究性学习。

4. 编写原则

（1）教材内容涵盖面广。汉语教材编写和评估公认的四大原则是实用性、知识性、趣味性和科学性。专门用途汉语教材的编写，涉及认知结构、语篇结构、人际关系、文化等因素，又包含极富系统性的各项子系统。所以本教材在编写时，既注重学习者思辨能力的培养，又致力于提升他们的语言技能，还要关注教材内容的趣味性和实用性。我们选取的课文题材涵盖计算机科学、食品科学、环境科学、航空航天、生物医学、材料科学、心理学、传播学等多个基础、交叉、新兴的强势学科，可以覆盖综合类高校的大多数学科门类，选择的内容除了考虑到知识性、科学性要素外，也充分兼顾实用性和趣味性。

（2）注重启发，突出培养学习者的思辨能力。教材编写的系统性除了体现在教材内容的建构之外，还体现在学习者专业学习的学能培养上。教材选取下定义、分类、提问、解释、归纳、论证、质疑、评价、举例、比较、概括、推理、报告等十多项学术技能，尽快培养学习者进入专业学习的能力，并达到自主和独立学习的程度。因此本教材既体现语言类教材的交际性，也体现专业学习的规范性和严谨性。

（3）学科的基础性与实效性相结合。当代社会的科技发展日新月异，技术更新换代的速度惊人，教材内容要与时俱进。因此，现代科学的一些新理念、新思想、新探索等都适当编入教材，像人工智能、航天科技、基因技术、无人驾驶等。选材内容既涉及基础学科，又涉及交叉学科，做到基础研究与前沿研究的覆盖。

5. 编排体例

《通用学术汉语：思辨与表达》为上下两册的综合类教材，每单元教授的学术技能为所有专业学生通用。

（1）体例

A. 每册为 7 个单元 + 3 个学术场景单元 + 3 个专项写作拓展练习单元。

B. 每个单元有 4 ～ 5 篇课文，围绕学术技能从听说读写四个语言技能维度展开学练。

C. 每篇课文后有相关练习：词语练习题、课文信息匹配题、理解简答题、学术技能拓展题、技能情境表达训练、相关学术技能写作等。

（2）课时安排

本教材为国际学历生汉语必修课教材，上下册可供两个学期使用，每个学期 48 ～ 64 课时，每周 3 ～ 4 课时，也可根据开设课程的学期和授课进度进行调整。本教材为新形态教材，线上配套资源比较丰富，建议采用线上线下混合式教学模式，可以充分利用北京语言大学出版社数字化平台上所提供的课程配套慕课、微课、课件、教学案例等资源。

（3）课程评价

本教材采用“通用学术汉语”新理念编写，强调通用学术汉语能力对各学科知识掌握的重要作用，更重视学术场景中的跨文化交流与表达。因此建议根据学生群体的特点，采用过程性评价和终结性评价相结合的方式对学习者的学习效果进行评价。

A. 过程性评价（占比 50%）：包括线上资源学习、参与各类教学活动和课题讨论、个人和小组口头报告及书面表达。

B. 终结性评价（占比 50%）：闭卷考试或者采用课程小论文等形式。

目录

第一单元

无处不在的人工智能

知者不惑。

——孔子

The wise are free from perplexities.

—Confucius

学习目标

学术技能：下定义

- 了解搜集定义的多种途径。
- 掌握下定义的基本方法：种差 + 属。
- 掌握扩展定义的有效方式。

语言技能

- **听**：抓住与时间有关的表达，简要说明人工智能发展史。
- **说**：利用下定义的基本句式给人工智能及相关概念下定义。
- **读**：利用“种差 + 属”的下定义方法分析人工智能的基本定义；掌握说明定义类文章的结构。
- **写**：掌握关于简洁定义和扩展定义的写作方法。

热身

小组讨论：人工智能在我们的生活中无处不在，请跟小组成员一起讨论下面这些人工智能技术 / 产品分别是什么，然后把讨论结果填写在表格中。如果你们还知道其他的人工智能技术 / 产品，也可以补充在表格里。

人工智能技术 / 产品	是什么？
Siri	
个性推荐	
无人驾驶	
人脸识别	
……	

课文一 人工智能的诞生

生词表 01–01–01

1. 人工智能	réngōng zhìnéng	AI (artificial intelligence)
2. 诞生	dànshēng	be born; come into existence
3. 研讨会	yántǎohuì	seminar
4. 踌躇满志	chóuchú-mǎnzhì	enormously proud of one's success
5. 疑难	yínán	knotty; difficult
6. 困难重重	kùnnan chóngchóng	be beset with difficulties
7. 机器翻译	jīqì fānyì	machine translation
8. 准确	zhǔnquè	accurate

专有名词

1. 约翰・麦卡锡	Yuēhàn Màikǎxī	John McCarthy
2. 达特茅斯学院	Dátèmáosī Xuéyuàn	Dartmouth College

词语练习：选择合适的词语完成句子

人工智能　诞生　机器翻译　准确　踌躇满志

1. 照片中的这群年轻人看起来________，朝气蓬勃。
2. 只有深刻理解了作品的文化内涵，才能________地进行描述和说明。
3. 得益于人工智能的飞速发展，有道翻译、百度翻译等________的准确度有了大幅提升。
4. ________已经引发了诸多领域与行业的深刻变革，也为学习方式的变革带来了可能。
5. 世界各地的球迷都观看了这场精彩的决赛，见证了冠军的________。

学习提示： 01–01–02

我们将听到一段跟人工智能的历史有关的短文，请注意细节信息。

理解与练习

一、听第一遍录音，完成连线

1956 年	美国很多大公司都研究人工智能
20 世纪 60 年代末	人们在日常生活中使用人工智能
20 世纪 80 年代	人工智能的发展遇到了很多问题
21 世纪初	约翰·麦卡锡提出了“人工智能”这个概念

二、听第二遍录音，判断下列信息是否正确

1. 约翰·麦卡锡被称为“人工智能之父”。(　　)
2. 美国政府一直很支持人工智能的研究。(　　)
3. 人工智能一开始就能解决很复杂的问题。(　　)
4. 20 世纪 80 年代，人工智能开始给一些公司带来好处。(　　)

交流与实践

三、小组活动

在“热身”活动中，大家讨论了 Siri、个性推荐、无人驾驶、人脸识别是什么。在此基础上，选择其中一个，梳理一下该技术 / 产品诞生和发展的历史。

时间	基本情况

线上小课堂 01-01-01

学习慕课《通用学术汉语·如何给“网红”下定义?》,了解“搜集定义的有效途径”与“简洁定义的方法”的有关知识。

搜集定义的有效途径与简洁定义的方法

下定义是对事物的本质或一个概念的内涵和外延进行准确简要的说明。

下定义的重要性:人与人的交流基于对某些名称和术语有共同的认识。因此,有必要对名称和术语的含义进行说明和规定。

根据使用定义的不同目的,我们可以通过不同的途径来搜集定义:

✓查阅权威的汉语字典或者词典、双语字典或者词典、专门学科的词典;

✓查阅百科全书或者百科全书类网站;

✓查阅相关的学术论文、专业书籍。

进行简洁定义的主要方法:“种差+属”法。首先,说明这个概念属于哪个大类;然后,再说明它跟大类里其他小类的差别。使用这种方法下定义时,需要注意:

✓找准跟所定义的概念有关的属和种;

✓一般不使用否定的形式;

✓有的概念不适合用“种差+属”法下定义,包括:1. 没有“属”的概念;2. 没有“种差”的概念。

课文二 人工智能到底是什么？

生词表 01-02-01

1. 途径	tújìng	way; approach
2. 搜集	sōují	gather
3. 领域	lǐngyù	domain; field
4. 模拟	mónǐ	simulate
5. 延伸	yánshēn	extend
6. 扩展	kuòzhǎn	expand
7. 感知	gǎnzhī	perceive
8. 行动	xíngdòng	action; act
9. 收益	shōuyì	profit
10. 计算机程序	jìsuànjī chéngxù	computer program
11. 推理	tuīlǐ	reason; infer
12. 分析	fēnxī	analyse
13. 种	zhǒng	species
14. 属	shǔ	genus

词语练习：选择合适的词语完成句子

领域　模拟　途径　搜集　推理　行动　收益　分析

1. 我们的研究需要________大量的资料。
2. 每个人都有自己擅长的专业________。
3. 互联网为汉语学习提供了新的________。
4. 人工智能可以________人类智力活动。
5. 作为一名侦探，你需要拥有良好的________能力。
6. 经济学专家通过对市场进行________，提出了行之有效的经济促进方案。
7. 随着经济复苏，各种理财产品的________也屡创新高。
8. 口头承诺容易，但要转化成________则困难得多。

学习提示：

01-02-02

了解如何通过不同的途径搜集人工智能的定义，以及如何给人工智能下一个简洁而准确的定义。

人工智能是最新的科学领域之一。不同的科学家对人工智能有不同的理解，不同的研究小组给人工智能下了不同的定义。直到今天，被广泛接受的人工智能的定义仍然有很多种。我们通过不同的途径，搜集到了“人工智能”的五种定义：

序号	定义	出处
1	计算机科学技术的一个分支，利用计算机模拟人类智力活动	《现代汉语词典》(第 7 版)
2	研究、开发用于模拟、延伸和扩展人的智能的理论、方法、技术及应用系统的一门新的技术科学	百度百科
3	根据对环境的感知，做出合理的行动，并获得最大收益的计算机程序	《人工智能》
4	使计算机做那些目前人比计算机更擅长的事情的研究	《人工智能：一种现代的方法》(第 3 版)
5	使感知、推理和行动成为可能的计算的研究	《人工智能：一种现代的方法》(第 3 版)

分析一下这五种定义，就会发现它们都使用了同一种方法给“人工智能”下定义，就是“种差 + 属”的方法。“属”就是大类，“种”就是“属”包含的小类，“种差”就是小类之间的差别。所以，用“种差 + 属”的方法下定义，首先要说明这个概念属于哪个大类；然后，再说明这个概念跟大类里其他小类的差别。比如，《现代汉语词典》(第 7 版) 对“人工智能”的定义：计算机科学技术的一个分支，利用计算机模拟人类智力活动。其中，人工智能属于“计算机科学技术”这个属，关系如图所示：

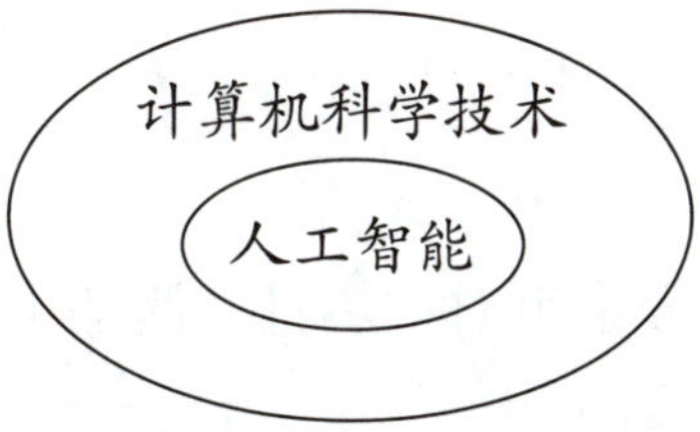

人工智能与计算机科学技术的关系

人工智能与其他类型计算机科学技术的差别是“利用计算机模拟人类智力活动”，把“种差”和“属”加起来就得到了人工智能的其中一种定义，如图所示：

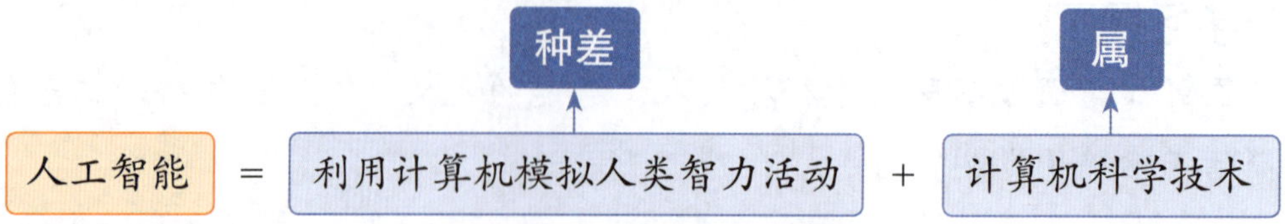

人工智能的“种差＋属”定义

理解与练习

一、在画线部分填入相关信息并复述课文

1. 我们通过不同的________，________到了“人工智能”的其中五种定义。

2. 人工智能是计算机科学技术的一个分支，利用计算机________人类智力活动。

3. 人工智能是根据对环境的________，做出合理的________，并获得最大________的计算机程序。

4. “________”就是大类，“________”就是“________”包含的小类，“________”就是小类之间的差别。

二、说一说课文中人工智能的每个定义所包含的“种差”和“属”

定义	种差	属
定义 1	利用计算机模拟人类智力活动	计算机科学技术
定义 2		
定义 3		
定义 4		
定义 5		

交流与实践

三、小组活动

根据“种差＋属”的方法，分小组对“热身”活动中人工智能技术 / 产品的定义进行重新整理，然后把讨论结果填写在下面。

种差　　　　　　　　　　　　　　属

1. Siri 是________________________________的语音助手。

2. 个性推荐是____________________________________的智能系统。
3. 无人驾驶是_______________________________________的技术。
4. 人脸识别是____________________________________的识别技术。

四、拓展实践

从你的专业领域中选择一个概念，通过查阅词典、百科全书及相关的论文、书籍等，收集这个概念的不同定义，并填写在表格中。

序号	定义	出处
1		
2		
3		
4		

线上小课堂 01-02-01

学习慕课《通用学术汉语·如何给“网红”下定义？》，了解“扩展定义的方法”的有关知识。

扩展定义的方法

在写论文或做学术报告时，需要对涉及的最重要的一个或几个概念进行更详细的定义，即提供扩展定义，以便读者或者听众更好地理解。

扩展的定义可以是一两段话，也可以是一个章节，甚至更长。

根据所强调内容的不同，可以从不同的方面来扩展定义：

✓起源：说明这个概念的起源。
✓历史：展示这个概念的定义随着时间推移而发生的变化。
✓组成：说明这个概念由哪些部分组成。
✓对比：说明这个概念和同一个属中的其他概念的不同点。
✓类比：说明这个概念和同一个属中的其他概念的相同点。
✓举例：找出跟这个概念有关的例子。

课文三　定义各异的人工智能

生词表　01-03-01

1. 逻辑	luójí	logic
2. 规律	guīlǜ	law; rule
3. 伏特加	fútèjiā	vodka
4. 行为	xíngwéi	behavior
5. 心理医生	xīnlǐ yīshēng	psychologist
6. 输入	shūrù	input
7. 关键	guānjiàn	key; crux
8. 机器学习	jīqì xuéxí	machine learning
9. 棋手	qíshǒu	board game player
10. 风趣	fēngqù	witty
11. 数据	shùjù	data
12. 长足	chángzú	rapid; by leaps and bounds

专有名词

谷歌	Gǔgē	Google

词语练习：选择合适的词语完成句子

逻辑　数据　行为　规律　长足　风趣

1. 我们要注意培养自己的________思维能力。

2. 不________的睡眠会对健康造成负面影响。

3. 交警持续对不文明的交通违法________进行曝光，以提醒广大司机朋友安全文明驾驶。

4. 这位主持人不仅形象好，而且说话________，很受观众喜爱。

5. 近几年，银行对信息科技服务的依赖不断增强，伴随而来的________安全风险也在增加。

6. 近年来，中国的科学发展取得了________的进步，特别是在航天领域，不时有好消息传来。

学习提示：

01-03-02

了解如何扩展人工智能的定义，使其包含更多有效信息。

历史上，人工智能的定义经历过多次变化。

定义一：人工智能就是跟人类思考方式差不多的计算机程序。

这种定义认为，既然叫人工智能，那么就是用计算机程序来模拟人类的思考。人类的思考是有逻辑的，人们对逻辑的研究有很长的历史。科学家们就使用这些关于逻辑的研究，让计算机按照逻辑的规律进行推理，来解决问题。但人们很快就发现，这样的人工智能只能解决一些特别专业的问题，不能在日常生活中使用。最有名的例子就是当时的俄译英机器翻译把“the spirit is willing, but the flesh is weak（心有余而力不足）”翻译成“the vodka is good, but the meat is rotten（伏特加不错但肉烂了）”，说明那时的机器翻译还不能把日常生活中丰富多样的表达翻译出来。

定义二：人工智能就是跟人类行为差不多的计算机程序。

定义一反映了早期人们对人工智能的想法，由于这样的想法应用在研究中有很多困难，科学家们开始改变人工智能的定义。他们认为，不管计算机通过哪种方式，不管跟人类思考的方式是不是相同，只要做出了跟人类差不多的行为，就是人工智能。比如，20 世纪 60 年代出现了一种智能聊天儿程序 ELIZA。这个程序就像一位心理医生，可以跟人一直聊天儿。但是，ELIZA 只是在输入的句子里找到一些关键词，这些词已经用程序定义好了，跟这些词有关的回答也用程序写好了，所以 ELIZA 只需要从这些回答里选择一句，它才不懂这句话是什么意思呢。

定义三：人工智能就是会学习的计算机程序。

进入 21 世纪，机器学习成为人工智能领域里发展得最快的技术。有句话叫“无学习，不 AI”，谷歌的 AlphaGo 学习了很多专业棋手的下棋方法，然后再自己跟自己下棋，在学习人类和自我学习中提高，最终战胜了人类的围棋世界冠军。Siri 学习了很多网络流行语，才能用风趣的方式跟人们聊天儿。早期问题很多的机器翻译，通过数据学习，已经有了长足的进步。

选自《人工智能》，作者：李开复、王咏刚。有删改。

理解与练习

一、根据课文，选择正确答案

1. 关于定义一，下列说法不正确的是（　　）。

A. 这种定义流行于人工智能刚开始发展的时期

B. 当时的人工智能不能进行复杂翻译

C. 科学家们发现人工智能不能解决日常生活中的问题

D. 科学家之所以很难设计出一个模拟大脑的人工智能，是因为对大脑的研究还有很多不足

2. 关于智能聊天儿程序 ELIZA，下列说法正确的是（　　）。

A. 根据定义一，ELIZA 是人工智能

B. ELIZA 知道输入句子的意思，所以它可以跟人聊天儿

C. 科学家在 ELIZA 里写好了很多词以及与每个词相关的答案

D. ELIZA 可以取代心理医生帮助人们解决心理问题

3. 文中画线的"无学习，不 AI"的意思是（　　）。

A. 只有好好学习，才能研究人工智能

B. 人工智能不学习也能很好地解决问题

C. 先出现了机器学习，然后才出现了人工智能

D. 机器学习是人工智能的重要特点

二、根据课文，回答问题

1. 为什么人工智能的定义从"像人类一样思考"变成了"像人类一样行动"？

____

____

____

2. 为了说明人工智能就是会学习的计算机程序，课文举了哪些例子？请你再写一个可以说明这个定义的例子。

____

____

____

交流与实践

三、拓展实践

在“课文二”的“四、拓展实践”中，你已经从你的专业领域中选择了一个概念，并通过不同的途径搜集了关于这个概念的一些简洁的定义。现在，请模仿“课文三”的课文，为这个概念写一个扩展定义，说明这个概念在不同时期定义的变化。

时间线	定义
________	________________________________
________	________________________________
________	________________________________
________	________________________________

课文四　人工智能研究的不同方向

生词表　01–04–01

1. 主流	zhǔliú	mainstream
2. 不可思议	bùkě-sīyì	incredible; inconceivable
3. 严谨	yánjǐn	rigorous
4. 知之甚少	zhī zhī shèn shǎo	know little
5. 不切实际	bù qiè shíjì	unrealistic
6. 预期	yùqī	expect
7. 实用主义	shíyòng zhǔyì	pragmatism
8. 专注	zhuānzhù	concentrated; focused
9. 需求	xūqiú	need
10. 凸显	tūxiǎn	highlight
11. 旨趣	zhǐqù	purport
12. 调和	tiáohé	harmonize
13. 完备	wánbèi	complete
14. 模糊	móhu	obscure

专有名词

扬·勒丘恩	Yáng Lèqiū'ēn	Yann LeCun, Chief AI Scientist at Meta and Silver Professor at New York University

词语练习：选择合适的词语完成句子

不可思议　主流　实用主义　模糊　知之甚少　不切实际　凸显　旨趣

1. 多家________媒体先后对这一具有全球影响力的事件进行了报道。
2. 她发表的第一篇小说就展现出了________的写作才华，引起了大量读者的关注。
3. 调查发现，年轻人的消费观念正从“消费主义”向“________”转变，逐渐回归理性。
4. 这份文件的字迹非常________，无法辨认。
5. 他眼高手低，对未来抱有________的幻想。
6. 城市发展阶段不同，人们对建筑功能的需求不同，审美________也在变化。

7. 由于考古资料的缺乏，我们目前对这种古老的文明仍然________。

8. 老龄化问题日益________，引起全社会的关注。

学习提示：

01-04-02

了解如何对已有的人工智能定义进行评价。

除了历史上占据主流的三种定义，还有一种定义认为，人工智能就是让人觉得不可思议的计算机程序。这个定义当然不科学，也不严谨，但很有趣。它反映了大多数普通人对人工智能的看法。

第一种定义（跟人类的思考方式差不多）是人工智能发展早期非常流行的一种定义，特别不合适。当时的科学家们希望知道人的大脑是怎么工作的，然后让计算机程序按照大脑的工作方式去工作。然而，一直到今天，人类对大脑仍然知之甚少，所以很难模拟出一个人工大脑。就像研究机器学习的著名科学家扬·勒丘恩所说："我最不喜欢人们说'它像大脑一样工作'，因为它跟大脑的工作方式有很大的不同。这样的比较只会让大家向人工智能要求一些它没有的东西。"因此，这种定义会让人们对人工智能产生不切实际的预期。

第二种定义（跟人类的行为差不多）是现在计算机科学领域的主流看法，也是一种实用主义的看法。因为这种定义只看人工智能所能达成的结果，并不强调达成结果的过程是否跟人类一致，它可以让人工智能更专注地服务于人类的实际需求。

第三种定义（会学习）说明了机器学习是现在人工智能的发展方向。这个定义虽然不全面，但是能反映最新的情况，凸显该领域最先进的技术。

关于人工智能，不同的定义反映了科学家们不同的研究旨趣，适合不同的人群和使用环境。如果一定要调和所有定义，我们也许只会得到一个全面完备，但很模糊的定义。

选自《人工智能》，作者：李开复、王咏刚。有删改。

理解与练习

一、根据课文，判断下列信息是否正确

1. 大多数普通人觉得人工智能不可思议。（　　）

2. 扬·勒丘恩认为人们不了解人工智能。（　　）

3. 作者对第三种定义持否定的态度。(　　)

4. 作者认为没有必要给人工智能下一个特别全面的定义。(　　)

二、根据课文，完成表格

定义	作者的态度（肯定 / 否定）	理由
第一种定义		
第二种定义		
第三种定义		

交流与实践

三、拓展实践

在“课文二”的“四、拓展实践”和“课文三”的“三、拓展实践”中，你已经从你的专业领域中选择了一个概念，并通过不同的途径搜集了关于这个概念的一些简洁的定义，还为这个概念写了扩展的定义，并说明了这个概念在不同时期定义的变化。现在，请你模仿“课文四”的课文，对你整理出来的定义进行简洁的评价。

课文五 无处不在的人工智能

学习提示：

01–05–01

了解如何对“人工智能”这一概念进行详细定义。

人工智能在我们的生活中无处不在。拿起手机，你可以问Siri今天天气怎么样；打开音乐APP，首页都是根据你的音乐口味向你推荐的歌曲；淘宝猜你喜欢安踏的跑步鞋，因为你上星期一刚买过一条安踏的运动裤；你在超市用人脸识别轻松地付好了钱……如果这些都是人工智能，那么人工智能到底是什么呢？

《现代汉语词典》（第7版）这样定义“人工智能”：计算机科学技术的一个分支，利用计算机模拟人类智力活动。百度百科的定义更全面：研究、开发用于模拟、延伸和扩展人的智能的理论、方法、技术及应用系统的一门新的技术科学。美国著名的人工智能专家温斯顿教授（Patrick Henry Winston）认为，人工智能是“使感知、推理和行动成为可能的计算的研究”[①]。

> 介绍词典、百科全书，以及权威专家的定义。

其实，历史上，人工智能的定义经历过很多次变化。早期，很多科学家都认为人工智能就是跟人类思考方式差不多的计算机程序。这种定义认为，既然叫人工智能，那么就是用计算机程序来模拟人类的思考。人类的思考是有逻辑的，人们对逻辑的研究有很长的历史。科学家们就使用这些关于逻辑的研究，让计算机按照逻辑的规律进行推理，来解决问题。同时科学家们还希望知道人类的大脑是怎么工作的，然后让计算机程序按照人类大脑的工作方式去工作。不过，一直到现在，人类对大脑的了解还是不够，所以很难模拟出一个人工的大脑。

> 参考论文和专著，介绍这个概念早期的定义。

由于这样的想法应用在研究中有很多困难，科学家们开始改变人工智能的定义。他们认为，不管计算机通过哪种方式，不管跟人类思考的方式是不是相同，只要做出了跟人类差不多的行为，就是人工智能。

---

① 罗素，诺维格.人工智能：一种现代的方法（第3版）[M].殷建平，祝恩，刘越，等译.北京：清华大学出版社，2013：3.

> 脚注标明出处。

进入21世纪，机器学习成为人工智能领域里发展得最快的技术。所以越来越多的人认为人工智能就是会学习的计算机程序。有句话叫“无学习，不AI”，谷歌的AlphaGo学习了很多专业棋手的下棋方法，然后再自己跟自己下棋，在学习人类和自我学习中提高，最终战胜了人类的围棋世界冠军。Siri学习了很多网络流行语，才能用风趣的方式跟人们聊天儿。早期问题很多的机器翻译，通过数据学习，现在已经有了长足进步。

说明现在最新的主流定义。

早期的第一种定义（跟人类的思考方式差不多）特别不合适。就像研究机器学习的著名科学家扬·勒丘恩所说：“我最不喜欢人们说‘它像大脑一样工作’，因为它跟大脑的工作方式有很大的不同。这样的比较只会让大家向人工智能要求一些它没有的东西。”第二种定义（跟人类的行为差不多）是现在计算机科学领域的主流看法，也是一种实用主义的看法。第三种定义（会学习）说明了机器学习是现在人工智能的发展方向，这个定义虽然不全面，但是能反映最新的情况。

关于人工智能，不同的定义反映了科学家们不同的研究旨趣，适合不同的人群和使用环境。如果一定要调和所有定义，我们也许只会得到一个全面完备，但很模糊的定义。

总结观点。

理解与练习

一、我们对“课文二”“课文三”和“课文四”的内容进行整理，形成了一篇介绍人工智能定义的文章。右侧方框说明了每一段的主要内容，请在空白框内填上相应段落的主要内容。

二、在“课文二”的“四、拓展实践”、“课文三”的“三、拓展实践”和“课文四”的“三、拓展实践”中，你已经从你的专业领域中选择了一个概念，并通过不同的途径搜集了关于这个概念的一些简洁的定义，还为这个概念写了扩展的定义，说明这个概念在不同时期定义的变化，并对整理出来的定义进行了简洁的评价。现在，请按照下面的提示整理三个练习的内容，并补充新的内容，写成一篇完整的文章。

引言： 引出所定义的概念。可通过举例、提问、背景介绍等方式。

介绍基本定义： 罗列权威的或具有代表性的几个定义。语言简要、准确。

扩展定义： 按照时间顺序说明定义的发展和变化，并使用类比、对比、举例等方式进行更清楚的说明。

评价定义： 对所介绍的定义进行评价。评价的原则和标准明确，评价的根据客观。

总结

线上小课堂 01-05-01

学习慕课《通用学术汉语 · 康奈尔笔记法好不好用?》，了解“康奈尔笔记法”的有关知识。

康奈尔笔记法

尽管做笔记的工具随着科技的发展更新迭代，但康奈尔笔记法这一经典笔记法因简单、有效，仍然受到广泛认可，并适用于各种做笔记的工具和场景。

康奈尔笔记法分为五个步骤：

✓记录。首先，在笔记本或笔记类软件的空白页面上划分出三个区域：较窄的左上部区域和较宽的右上部区域，以及下方的空白区域。然后，在页面的最上方记录下主讲者的姓名、课程日期以及主题等。接下来，在右上部较宽的区域以简洁的文字记录课程内容。

✓精简。这一步可以在课中或课后完成。具体的做法是将右侧的笔记精简为几个关键词，或归纳为一些重点句和问题，以简单明了的形式写在较窄的左侧。

✓背诵。利用笔记左右两侧的对应关系进行背诵。首先，不看右侧的具体知识点，根据左侧的关键词句来复述和背诵右侧的内容。然后再查看右侧的内容，对自己所背诵的内容进行确认或修改。

✓思考。将对所学内容的反思及重要问题的回答写在最下栏。此外，还可以思考自己是否有新问题产生。

✓复习。定期通过笔记进行复习巩固。

本单元学习评估：复习所学，及时总结

使用康奈尔笔记法有效地记笔记，并定期复习，提高学习效率。

（记下关键词、重点句和问题）	（记录授课内容）
（写下对本单元所学的反思以及对重要问题的回答）	

学习目标

- 了解一堂课或一场讲座的主要环节
- 掌握有效获取一堂课或一场讲座的主题、背景、观点及论述的方法
- 掌握与一堂课或一场讲座的主题、背景、观点及论述方法相关的常用表达

技能训练

- 训练一：主题与背景
- 训练二：观点与论述方法
- 训练三：课后复习

热身

小组活动

和小组成员一起仔细查看以下两张学术讲座海报，共同讨论，根据海报信息填空。

讲座关键信息

- 主题：
- 主讲人：
- 时间、地点：
- 主要内容：

根据以上信息，说一说应该从哪些方面为参加本次讲座做准备。

讲座关键信息

- 主题：
- 主讲人：
- 时间、地点：
- 主要内容：

根据以上信息，说一说应该从哪些方面为参加本次讲座做准备。

线上小课堂 ▶ 01-06-01

学习慕课《通用学术汉语·“咖教授”在说啥？》，了解如何有效掌握一堂课或一场讲座的主题、内容及背景。

主题、内容及背景

在一堂课或者一场学术讲座的开始阶段，老师常会讲一些与主题有关的故事或个人经历，有的老师也会对前一次课的知识点进行复习，或者提出问题，这些是一堂课或一场讲座的热身活动。

热身活动后，老师常会对这次课或讲座的主题和主要内容进行介绍。在介绍主题的时候，有不少常用表达。例如：

✓今天的主题是文献检索的概念和基本原理。

✓这次课我打算跟你们一起讨论一下选题的方法以及要注意的问题。

✓今天我打算讲一讲科研设计的基本原则和方法。

✓我想谈一谈科研资料的统计学描述。

✓今天我要介绍的主要内容是科研伦理与道德的问题。

介绍完主题后，老师通常会介绍主要内容。由于对主要内容的介绍往往是提纲式的，只要掌握了相关表达，就能较容易地听出哪个部分属于主要内容的介绍。这些表达往往运用表示先后顺序或者重要性顺序的关联词，比如：首先、其次、然后、最后，第一、第二、第三，等等。

接下来，老师可能会介绍背景知识，可能是以前学习过的旧知识，也可能是未接触过的新知识。不同学科的问题具有不同的背景，可能是一个学界尚未解决的问题，或者是某一时期的社会环境，也可能是某一个重要的事件等。

背景介绍的常见表达有：

✓我们在上一课学过……

✓我们以前学习过……

✓你们还记得……

✓众所周知，……

训练一：主题与背景

学习提示：观看视频，分别概括出这堂课的热身活动内容、主题、主要内容以及相关背景。 01-06-02

- 热身活动内容：
- 主题：
- 主要内容：
- 相关背景：

线上小课堂 01-06-03

学习慕课《通用学术汉语·"咖教授"在说啥？》，了解如何有效掌握一堂课或一场讲座的主要观点及其论述方法。

观点与论述方法

在一堂课的主体部分，老师会按照提纲的顺序对主要内容的每个方面进行介绍。重要的是听懂每一方面的主要观点，以及对观点的具体说明。

首先，中心论点常出现在开头或结尾；其次，如果一个观点被重复提及，或以相似的句子进行重申，也可能是主要观点；最后，还可通过表示强调的句式抓住主要观点，比如：我想强调的是……、关键之处在于……、……是非常重要的一点。

除了找准主要观点，还要听懂老师对观点进行的具体说明。以下是论证观点的主要方法：

第一，举例。相关表达包括：例如、比如、举一个例子、以……为例、我们可以通过以下示例来说明……、……就是一个很好的例子等等。

第二，对于难懂的概念或者观点，老师可能会从不同角度用不同的句子来解释，要意识到这些不同的表达其实都在说明同一件事情。也可通过惯用表达来分辨，比如：换句话说、也就是说、换言之、换个说法等等。

第三，介绍基本内容以后可能进行补充说明，相关表达包括：除此之外，……；不但……而且……；还需要进一步说明的是……；需要特别指出的是……；类似地，……；等等。

有时老师会换一个方向，提供与前一内容相对或者相反的内容，以便学生更清楚地理解，相关表达包括：然而、但是、与之相对、与其相反等等。

最后，还要注意老师从一个方面向下一个方面的转换，以便在整体上把握一堂课的结构，做好进入下一个新内容的学习准备。相关表达包括：接下来让我们转向另一个方面……；另一个重要的问题是……；下一个方面是……；等等。

训练二：观点与论述方法

学习提示：观看视频，概括主要观点，并说明论述观点的具体方法。

▶ 01–06–04

- 主要观点：
- 论述观点的方法（1）：
- 论述观点的方法（2）：
- 论述观点的方法（3）：

线上小课堂 ▶ 01–06–05

学习慕课《通用学术汉语·“咖教授”在说啥？》，了解如何进行有效的课后复习。

课后复习

每一次课的学习并不应该随着下课铃声响起而结束。要想听懂一堂课，从中获得更多的知识，课后的复习和反思是非常有必要的。

首先，可以重新查看在课前预习时产生的问题，看看在上完课以后是否可以自己来回答这些问题。

其次，可以检查一下是否还有疑问。如有问题，可通过查看课本、笔记、课件等资料来解决，还可以询问老师和同学。总之，利用一切可利用的资源来找到问题的答案。

最后，可以给自己创建一些小测验，并定期使用小测验进行自我检查，这样既能检查自己对所学知识的掌握程度，测验结果又能作为复习的依据。

虽然已经掌握了跟听课有关的方法和技巧，但要让这些方法变得真正有效，还需要不断地使用它们。通过反复练习，让这些方法成为良好的听课习惯，这样就不用担心听不懂老师在说什么了。

训练三：课后复习

学习提示：以上一次汉语课堂为例，结合所学内容，完成表格。

重新查看课前预习内容
预习时产生的问题：
问题是否已解决：

↓

复习课堂所学内容
复习时产生的新问题：
解决问题的方法：

↓

自我检测
自我检测的方法：
自我检测的内容设计：

本课学习评估：复习所学，及时总结

使用康奈尔笔记法有效地记笔记，并定期复习，提高学习效率。

（记下关键词、重点句和问题）	（记录授课内容）
（写下对本课所学的反思以及对重要问题的回答）	

第二单元

绿色 GDP

青山清我目，
流水静我耳。
——王守仁

Green hills let my eyes bright, and flowing streams make my ears swift.
—Wang Shouren

学习目标

学术技能：分类

- 了解分类的多种标准。
- 掌握有效分类的基本方法。
- 综合运用分类的多种表达形式。

语言技能

- **听**：抓住相关的概念表达，梳理概念之间的层级关系和种类归属。
- **说**：掌握分类的基本表达形式，对具体问题做出有条理的分类说明。
- **读**：利用“标准＋类别＋举例”的结构分析文章，把握文章进行分类说明的目的。
- **写**：掌握关于分类说明和分类比较的写作方法。

热身

分类方法广泛应用于我们的学习和生活之中。讨论下面的话题时，应如何进行分类并把分类的结果清楚地说出来呢？

1. 需要在冰箱里储存很多食物，同时要保持冰箱的整洁，应该怎么做？

2. 哪些食物属于“垃圾食品”？哪些食物属于“绿色食品”？为什么？

线上小课堂 02-01-01

学习慕课《通用学术汉语·“666”和“996”有什么不同?》，了解关于“分类”的知识。

关于“分类”

分类是思维对信息的初步加工，根据事物之间的差异，对其进行分门别类的处理，形成种属概念，进行有序排列，使信息条理化，有助于把复杂的事物看清楚、说明白。

在我们的日常生活中，良好的分类思维习惯是很有必要的。不过生活中主要是出于实用目的的分类，或者说，主要是应用分类方法来处理生活中的具体事务。

当需要认识的对象更为复杂、人们需要了解得更加深入时，分类就不再单纯以个人的需求、兴趣等为标准，而是以事物的某一项或某几项特征为标准。一般来说，人们对事物特征的认识总是从表象开始，由外到内，由浅入深。所以，根据事物特征的分类，表现为现象分类和本质分类。

现象分类是根据事物的外部特征和外部联系进行分类，本质分类则是根据事物的本质特征或内部联系进行分类。从现象分类到本质分类的过程，是人类认识不断深入、科学进步发展的过程。

技能应用

在生活和专业学习中，你经常运用哪些“分类”方法？完成“热身”活动时，你是如何“分类”的？“分类”是否帮助你更清楚地分析问题、表达想法？

课文一　环境问题

生词表　02-01-01

1. 人为	rénwéi	artificial
2. 原生	yuánshēng	native; natural; primary
3. 次生	cìshēng	secondary
4. 演变	yǎnbiàn	evolve
5. 恰当	qiàdàng	appropriate
6. 污染	wūrǎn	pollute
7. 生态环境	shēngtài huánjìng	ecological environment
8. 恶化	èhuà	worsen
9. 噪声	zàoshēng	noise
10. 退化	tuìhuà	retrograde; degrade
11. 流失	liúshī	be washed away
12. 荒漠化	huāngmòhuà	desertify
13. 物种灭绝	wùzhǒng mièjué	species extinction

词语练习：选择合适的词语完成句子

人为　原生　演变　退化　恶化　流失

1. 据说人类是由猿________而来的。
2. 他俩之间的矛盾越来越多，夫妻关系正在________。
3. ________型空气污染主要表现为机动车尾气、煤烟等有害气体大量排放到空气中。
4. ________家庭是指一个人出生和成长的家庭，人们常常认为，它对个人的成长有着重要的影响。
5. 人才________是我们公司目前面临的最大问题。
6. 随着年龄的增长，老年人的膝关节往往出现________现象。

学习提示：　02-01-02

我们将听到一段跟环境问题有关的短文，请注意细节信息。

理解与练习

一、听第一遍录音，按照图示要求，将以下信息补充在相应的方框内

光污染　物种灭绝　次生环境问题　生态环境破坏　噪声污染

水污染　固体污染　森林破坏　草原退化　土地荒漠化

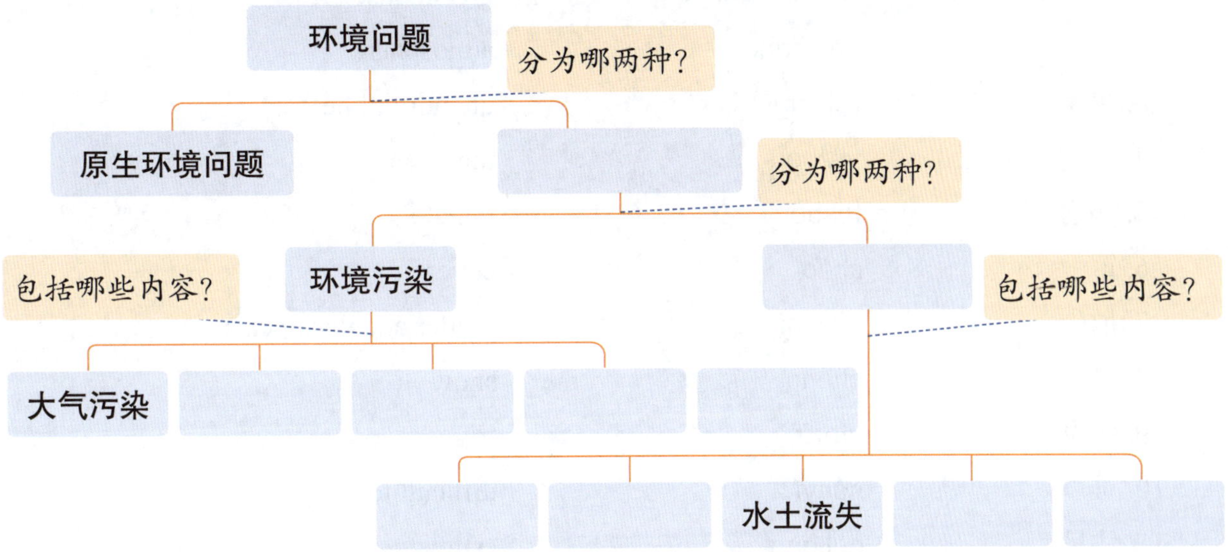

二、听第二遍录音，回答问题

下列现象分别属于哪一类环境问题？为什么？

原生环境问题　次生环境问题　环境污染　生态环境破坏

（1）有科学家认为，自工业革命开始，地球进入第六次物种大灭绝期。

____

（2）城市中的繁华商业街彻夜闪烁着霓虹灯。

____

（3）夏威夷岛上的火山爆发。

____

交流与实践

三、小组活动

你所生活的地方是否存在环境问题？有哪些环境问题？

小组成员之间互相介绍所在地的环境状况：参照录音内容和以上练习中的分类方法进行分类表达，并就每一类问题举出实际例子。

课文二　温室效应

生词表　02-02-01

1. 温室效应	wēnshì xiàoyìng	greenhouse effect
2. 大气层	dàqìcéng	atmosphere
3. 热量	rèliàng	quantity of heat
4. 宇宙	yǔzhòu	universe
5. 辐射	fúshè	radiate
6. 罩	zhào	cover
7. 散失	sànshī	scatter and disappear
8. 呈	chéng	show
9. 引发	yǐnfā	trigger
10. 难以	nányǐ	difficult to
11. 估量	gūliàng	estimate
12. 极地	jídì	polar region
13. 臭氧	chòuyǎng	ozone
14. 免疫力	miǎnyìlì	immunity
15. 致命	zhìmìng	fatal
16. 重见天日	chóngjiàn-tiānrì	see the light of day again; be delivered from oppression
17. 排放	páifàng	emit
18. 循环	xúnhuán	circulate
19. 来势汹汹	láishì xiōngxiōng	break in (upon sb./sth.) in full fury

词语练习：选择合适的词语完成句子

呈　引发　估量　免疫力　致命　重见天日　循环　来势汹汹

1. 闪电可能________野外火灾。
2. 看来他是真的喜欢这首歌，他把这首歌在手机里设置成了________播放。
3. 醉酒驾驶造成的交通事故往往是________的。
4. 这种水果成熟后表皮________红色。

5. 这次的抢救性发掘让那些被埋藏在地下的文物________。
6. 这场洪水________，好在那座百年石桥安然无恙。
7. 有规律的生活和适度的锻炼，可以有效地提高身体的________。
8. 他一时的失误给公司带来了不可________的损失。

学习提示：

02-02-02

什么是“温室效应”？温室效应对地球有哪些影响？

如果没有大气层，地球获得的太阳热量和地球向宇宙空间放出的热量相等，地球的地面平均温度大概为 −18 ℃。实际上，全球的地面平均温度约为 15 ℃。这是因为地球表面的大气层能够吸收太阳辐射的能量，形成一个无形的、巨大的“玻璃罩”，具有保温作用，阻止地球上的热量向外层空间散失，这就是自然界的温室效应。

大气层中有保温作用的气体，被称为温室气体，例如二氧化碳（CO_2），它具有吸热和隔热的功能。多数科学家认为，地球上温室气体的大量增加是近几十年来全球变暖的主要原因，其中二氧化碳起着最重要的作用，约占总作用的 50% 以上。目前，大气中二氧化碳的浓度高于过去 80 万年的任何时候，全球的地面平均温度呈明显上升趋势。温室效应正引发一系列问题，其影响将是全面的和难以估量的。

温室效应不仅造成全球气候异常，改变原有的生态环境，引起极地冰雪过多融化，导致全球海平面上升，还会造成大气层的“臭氧洞”，使人体免疫力降低、患皮肤癌等疾病的风险大大增加。而且科学研究表明，由于气温上升，被冰封了十几万年的史前致命病毒可能会重见天日。

人类的活动，一方面使二氧化碳排放量增加，一方面破坏了生物圈正常的碳循环，二氧化碳的排放速度已经远远快于地球植物吸收二氧化碳的速度。那么，靠植树吸收多余的二氧化碳，还来得及吗？面对“来势汹汹”的二氧化碳气体，人类还有其他的办法吗？

选自《环境科学概论》，作者：孙承詠、韩威。有删改。

理解与练习

一、在画线处填入相关信息并复述课文

1. 温室效应正________一系列问题，其影响将是________的和________估量的。

2. 温室效应不仅________全球气候异常，改变原有的________，引起极地冰雪过多融化，________全球海平面上升，还会造成大气层的“臭氧洞”，使人体________降低、患皮肤癌等疾病的风险大大增加。

3. 人类的活动，________使二氧化碳排放量增加，________破坏了生物圈正常的碳循环，二氧化碳的________速度已经远远________地球植物吸收二氧化碳的速度。

二、根据课文，回答问题

1. “温室”在这里是一种比喻的说法，主要用来比喻什么现象？

____

____

2. “温室效应”发生的主要原因有哪些？

（1）____

（2）____

交流与实践

三、结合课文内容，了解“温室效应”的影响及表现

与小组成员一起，搜索、查阅相关资料，对“温室效应”做更多的了解。

参照下面的表格，根据“影响的类别”，对温室效应的影响及表现进行分类，并选择一人为代表进行完整表述。

序号	温室效应的影响及表现	影响的类别	
1		□直接影响	□间接影响
2		□直接影响	□间接影响
3		□已经发生的影响	□将要发生的影响
4		□已经发生的影响	□将要发生的影响

四、小组讨论

为应对“温室效应”，给地球“降温”，可以从哪些方面入手？

和小组成员一起，交流对这一问题的看法。然后试一试用分类列举的方法，将大家的思考和看法整理出来。

可参考以下思路和信息，选取其中的一种，列出发言提纲。

● 最重要的是从……入手 ● 其次，…… ● 再次，……	● 在日常生活方面，…… ● 在工业生产方面，…… ● 在农业生产方面，……
● 首先，从……入手 ● 接着 / 然后，…… ● 最后，……	在日常生活中，我们可以从以下几个方面为应对“温室效应”做出努力： 第一，……；第二，……；第三，……

课文三　噪声污染和噪声利用

生词表　02-03-01

1. 凡是	fánshì	any
2. 干扰	gānrǎo	disturb
3. 烦躁	fánzào	irritable and restless; fidgety
4. 喇叭	lǎba	trumpet
5. 频率	pínlǜ	frequency
6. 赫兹	hèzī	Hertz; *a unit of sound intensity*
7. 稳态	wěntài	steady state
8. 起伏	qǐfú	undulate
9. 间歇	jiànxiē	occur intermittently
10. 搅动	jiǎodòng	agitate; stir
11. 轰鸣	hōngmíng	roar
12. 娱乐	yúlè	entertainment
13. 厌恶	yànwù	detest; loathe
14. 敏感	mǐngǎn	sensitive
15. 除草器	chúcǎoqì	weeder
16. 农作物	nóngzuòwù	crop
17. 研制	yánzhì	research and develop
18. 诊断	zhěnduàn	diagnose
19. 耳膜	ěrmó	eardrum
20. 微弱	wēiruò	faint
21. 回声	huíshēng	echo
22. 显示	xiǎnshì	show; indicate

词语练习：选择合适的词语完成句子

凡是　干扰　烦躁　起伏　搅动　敏感　诊断　微弱

1. 一想到这糟糕的考试成绩，他就很________。
2. 这段时间时冷时热，气温________很大。

3. 他正在构思一篇新小说，不希望受到外界的________，于是一个人住进了海边的小屋。

4. ________有助于提高学习效率的方法，我都愿意尝试。

5. ________的灯光下，那盆白色的夜来香花似乎被笼上了一层淡黄的轻纱。

6. 经过________，医生针对他的病情提出了治疗方案。

7. 也许是我太在意他的看法，他随意说的一句话________了我刚刚平静下来的心情。

8. 都说孩子对父母的情绪变化非常________，因此父母能够保持稳定的情绪，对孩子的成长有着积极的影响。

学习提示：

02-03-02

什么是噪声？如何判定噪声？一般怎样处理噪声？

噪声，简单地说，就是人们在一定条件下不需要的声音。由此，凡是影响人们正常休息、学习和工作的声音，对人们产生干扰、让人烦躁，甚至危害人体健康的声音，都属于噪声污染。街道上的汽车喇叭声、建筑工地的机器声，以及邻居家过大的音乐声，都是噪声。

噪声按声音的频率可分为小于 400 赫兹（Hz）的低频噪声、400 ~ 1000 赫兹的中频噪声及大于 1000 赫兹的高频噪声。

噪声按随时间的变化情况可分为稳态噪声、非稳态噪声、起伏噪声、间歇噪声等。

噪声在环境中时刻存在，按其来源，主要包括工业噪声、交通运输噪声、建筑施工噪声和社会生活噪声。工业噪声主要来自机器的运转、气流的搅动等，例如工作中的碎石机、通风机发出的轰鸣声。交通运输噪声包括道路、铁路、航空、水运的噪声。建筑施工噪声包括从动工到装修等各个施工阶段产生的噪声。除此以外的其他噪声为社会生活噪声，例如商业、娱乐场所及其设备产生的噪声。

噪声为人们所厌恶，但是，随着现代科学技术的发展，噪声也能被人类利用。

科学家们发现，不同的植物对不同噪声的敏感程度不一样。根据这个道理，人们制造出了噪声除草器，它发出的噪声能使杂草的种子提前发芽，这样就可以在农作物生长之前除掉杂草，保证农作物的顺利生长。

令人愉快的音乐有利于健康，而噪声也能用于医疗。科学家研制出一种听力诊断器，不损伤耳膜，特别适合儿童使用。它由噪声发生器产生微弱的噪声，振动耳膜，然后电脑根据回声把耳膜功能的数据显示出来，供医生诊断。

选自《环境噪声污染防治知识问答》，作者：环境保护部科技标准司、中国环境科学学会。有删改。

理解与练习

一、根据课文，判断下列信息是否正确

1. 噪声污染只是指危害人体健康的声音。（　　）
2. 根据产生的来源，飞机航行发出的噪声属于工业噪声。（　　）
3. 噪声除草器可以通过噪声直接除掉杂草。（　　）
4. 采用噪声技术研制的听力诊断器，只适合儿童使用。（　　）

二、根据课文，完成表格

1. 关于噪声，课文中提到了哪几种分类标准？根据不同的标准可以将噪声分为哪几类？进一步整理课文内容，并参照下面的表格进行完整的语段表达。

序号	标准（根据……）	类别（分为……）
1		
2		
3		

2. 关于噪声的利用，课文主要谈了哪几个方面？参照下面的信息，填写合适的内容。通过搜索有关资料，你还知道哪些噪声利用的例子？

对噪声的利用

1. —— 主要应用于：

2. —— 主要应用于：

3. —— 主要应用于：

交流与实践

三、拓展实践

通过科学技术，将噪声转化为可利用的资源，实现了“变废为宝”。你还知道哪些在解决环境问题的过程中，将不利的条件转化为有益的资源、“变废为宝”的做法？请以“对________________的利用”为话题，谈谈技术改造和应用的实际例子。

线上小课堂 02-03-01

学习慕课《通用学术汉语 ·“666”和“996”有什么不同？》，了解分类的基本原则和常用表达。

分类的基本原则和常用表达

实用分类、现象分类、本质分类，在我们的生活和学习中，都有具体的应用。根据不同的分类目的，可以采用不同的分类标准。我们可以按照时间、地域、形状、功能、性质等进行不同的分类，但是每次分类要坚持同一个标准。

当我们确定了分类的标准，对事物进行逐步细分，首先需要注意分类必须分层，上下层次不能相混；其次，所分的类互不相容；同时，还要注意分类的穷尽性原则，每一层的分类结果要尽可能周全。

混乱的分类和错误的分类结果，有时候是由于我们对事物的认识还不充分，有时候是因为所使用的分类标准不清晰、不科学、不足以涵盖所有的对象，需要及时修正标准。

在表达分类思考的过程和结果时，我们常常用到这样一些词语和句式：

1. 根据……，它主要包括：……，……，……
2. 由于……的不同，它一般分为……方面：……，……，……
3. 第一（种）……，第二（种）……，第三（种）……

课文四　垃圾分类

生词表　02-04-01

1. 处置	chǔzhì	dispose of; handle
2. 加剧	jiājù	intensify
3. 限度	xiàndù	limitation
4. 源头	yuántóu	source; origin
5. 回收	huíshōu	recycle
6. 玻璃	bōli	glass
7. 金属	jīnshǔ	metal
8. 塑料	sùliào	plastic
9. 堆肥	duīféi	compost
10. 厨余	chúyú	kitchen waste
11. 废弃	fèiqì	discard
12. 掩埋	yǎnmái	bury
13. 降解	jiàngjiě	degrade
14. 潜在	qiánzài	latent
15. 电池	diànchí	battery
16. 灯泡	dēngpào	bulb
17. 容器	róngqì	container
18. 陶瓷	táocí	pottery and porcelain
19. 焚烧	fénshāo	set on fire
20. 辨识	biànshí	identify

词语练习：选择合适的词语完成句子

处置　加剧　源头　废弃　降解　潜在　容器　辨识

1. 总经理不在办公室，这件事如何________，得等他回来以后开会讨论。
2. 这座被________的旧工厂，如今已经成为创业者们聚集的创业园。
3. 古人往往就地取材，用竹子、木头等制成杯、碗、盆、瓶、罐等各种________。
4. 他虽没有经过专业系统的学习，却能精准地________古玩的真假。

5. 原材料紧缺，________了这一行业的竞争压力。
6. ________能力是指个人能力发展的可能性，它在一定条件下会发展成为现实能力。
7. 能够从________上预防和减少问题，才是正确、高效的解决办法。
8. 科学家们寻求利用最新的生物技术，实行节能、环保的垃圾________处理方式。

学习提示：

02-04-02

垃圾分类主要有哪些类型？为什么要进行垃圾分类？

垃圾分类是对垃圾进行有效处置的一种科学管理方法。垃圾产量日益增多，环境状况加剧恶化，如何最大限度地利用垃圾资源，减少垃圾处置的数量，改善生存环境，是当前世界各国共同关注的迫切问题。

垃圾分类，可以从源头对垃圾进行分类投放、分类清运和回收，使垃圾重新变成资源。就生活垃圾而言，不同国家的具体分类各有不同。例如：德国一般将垃圾分为纸、玻璃、金属和塑料等，澳大利亚一般分为可堆肥垃圾、可回收垃圾、不可回收垃圾，日本一般分为塑料瓶类、可回收塑料、其他塑料、资源垃圾、大型垃圾、可燃垃圾、不可燃垃圾、有害垃圾等。但是各国垃圾分类的总原则是一致的，即主要根据垃圾的来源、构成和后期处理的需要进行分类。

中国城市将各类生活垃圾主要分为四种：

可回收垃圾，主要包括纸、塑料、玻璃、金属和布料五大类。这些物质将进入回收系统，作为再生资源使用。

厨余垃圾（或称湿垃圾），包括剩菜饭、骨头、菜叶、果皮等食品类废弃物。厨余垃圾可以作为肥料使用，经土壤掩埋后可以被降解、吸收，实现废物再利用。

有害垃圾，指含有对人体健康有害、有毒的物质，以及对环境有现实危害或者潜在危害的废弃物，包括电池、灯泡、部分家电、过期药品、过期化妆品及其容器等。

其他垃圾（或称干垃圾），除了可回收垃圾、厨余垃圾和有害垃圾之外，包括砖瓦、陶瓷、卫生间废纸、纸巾等难以回收的废弃物及尘土、食品袋（盒）等。对这类物质一般会进行焚烧、掩埋等处理。

通常可以通过颜色辨识中国城市里分装各类垃圾的垃圾桶，蓝色（代表可回收垃圾）、绿色（代表厨余垃圾）、红色（代表有害垃圾）、灰色（代表其他垃圾），以及黄色（代表医疗废物，医院、卫生站等医疗场所专用）。

选自中国科普博览网相关文章，有删改。

理解与练习

一、根据课文，选择正确答案

1. 下列图标中，用于标识“厨余垃圾”的是（　　）。

A. 　B. 　C. 　D. 

2. 下列图标中，用于标识“有害垃圾”的是（　　）。

A. 　B. 　C. 　D. 

3. 下列物品中，属于“可回收垃圾”的是（　　）。

A. 快递纸盒　B. 餐后纸巾　C. 茶叶残渣　D. 过期药品

4. 根据中国城市的主要垃圾分类，被打碎了的瓷瓶属于（　　）。

A. 可回收垃圾　B. 厨余垃圾　C. 有害垃圾　D. 其他垃圾

二、根据课文，选择正确答案（多选）

1. 垃圾分类主要是为了（　　）。

A. 利用资源　B. 有效处置垃圾　C. 改善环境
D. 了解垃圾的数量　E. 减少垃圾的来源

2. 垃圾分类的基本原则，主要是根据（　　）。

A. 垃圾的数量　B. 垃圾的来源　C. 垃圾的处理方法
D. 垃圾的构成　E. 垃圾的大小

3. 目前中国城市一般采用（　　）表示垃圾桶的分类。

A. 红色　B. 黄色　C. 蓝色　D. 绿色　E. 灰色

4. 以下垃圾处理方法，课文中提到的有（　　）。

A. 焚烧　B. 掩埋　C. 堆肥　D. 回收　E. 艺术创作

交流与实践

三、小组活动

以下物品在不同的国家，分别被归为哪一类垃圾？和小组成员讨论后，将结果记录在表格中，并简要说说这样归类的依据。

物品名称	中国	国家：________	国家：________	国家：________
 ________				
 ________				
 ________				
 ________				
 ________				

四、拓展实践

1. 在购买果汁时，价格、口感相同的情况下，你会选择纸盒装、玻璃瓶装、塑料瓶装，还是罐装的呢？

和小组成员一起展开关于日常消费品包装问题的讨论：参照“分类”的方法和表达形式，分别从不同的角度，分析不同包装材料的利与弊，进而说明自己选择的理由。

2. 在“热身”活动中，我们曾讨论过“绿色食品”和“垃圾食品”的问题。选择合理的“分类”标准和表达形式，在已有讨论的基础上，做更具体、科学的表述。

课文五 绿色 GDP

生词表 02-05-01

1. 依赖	yīlài	rely on
2. 即	jí	that is
3. 分配	fēnpèi	allocate
4. 流通	liútōng	circulate
5. 核算	hésuàn	examine and calculate
6. 可持续	kěchíxù	sustainable
7. 宏观	hóngguān	macroscopic
8. 指标	zhǐbiāo	indicator
9. 衡量	héngliáng	measure
10. 规模	guīmó	scale
11. 体现	tǐxiàn	embody
12. 计量	jìliàng	measure
13. 导向	dǎoxiàng	guidance
14. 代价	dàijià	price
15. 畸形	jīxíng	abnormal
16. 校正	jiàozhèng	revise
17. 模式	móshì	pattern; model
18. 有机	yǒujī	organic; essential
19. 核心	héxīn	core
20. 成本	chéngběn	cost
21. 因素	yīnsù	factor
22. 损耗	sǔnhào	waste; loss
23. 跨学科	kuà xuékē	interdisciplinary
24. 并举	bìngjǔ	develop simultaneously
25. 普及	pǔjí	popularize
26. 警醒	jǐngxǐng	be on the alert

词语练习：选择合适的词语完成句子

依赖　衡量　体现　代价　校正　有机　并举　警醒

1. 如果仅凭一个人的外在条件来________他的能力，就很容易犯“以貌取人”的错误。

2. 这幅油画________了画家对家乡深沉的思念之情。

3. 服饰、饮食、礼仪、习俗、语言、建筑等，是一个国家或地区传统文化的________组成部分。

4. 一般来说，学习一门语言时，朗读可以帮助________你的发音。

5. 在亲密关系中，总是渴望得到对方更多的关注，即便你自己也知道这种要求是无理的，这可能是一种情感________的心理现象。

6. 这一地区的经济发展策略是绿色农业和特色旅游业________。

7. 今天发生的这起事故，必须严肃处理，以________大家高度重视安全生产。

8. 酒驾不仅会给他人和社会带来重大安全隐患，而且会让自己付出沉重的________。

学习提示：

02-05-02

什么是“绿色 GDP”？“绿色 GDP”如何计算？

经济活动的过程是人类和自然界之间相互作用和相互影响的过程。没有自然资源的支持，人类劳动是创造不出任何物质财富的。人类社会经济活动对自然界的依赖，至少表现在以下几个方面：首先，人类进行物质生产的劳动对象是自然界提供的；其次，人类进行物质生产所使用的基本劳动资料，也是由自然界提供的；同时，自然界为人类进行物质生产提供活动场所；另外，从事物质生产活动的主体也需要一个良好的生活环境。

> 1. 人类社会经济活动对自然界的依赖，具体表现在哪些方面？能否对每一方面的内容展开具体说明？

因此，对社会经济活动即社会物质产品的生产、分配、流通和使用进行综合反映的国民经济核算，应该反映自然资源和环境的作用与变化。

可持续发展思想诞生以前，经济学家一直关注以国内生产总值（GDP，Gross Domestic Product）为代表的财富增长目标。

GDP 是反映经济发展的重要宏观经济指标，用于衡量一个国家或地区经济的增长规模，应用十分广泛。但是，它不能体现自然资源和生态环境等自然财富，不能对真正的财富做出真实的计量。而且这种核算结果往往产生错误导向，直接导致以环境和资源为代价的虚假繁荣，最直接的表现就是造成自然资源的大量减少、生态环境的急剧恶化、产业结构和经济结构的畸形发展，并产生大量的社会问题。

> 2. 使用传统的 GDP 核算体系，会带来哪些不良后果？能否对此展开具体说明？

为了帮助人们认识一个国家真实的国情国力，必须校正以 GDP 为主要指标的国民经济核算体系，进而提出一种新的核算模式，把自然资源、生态环境资源都视为国民财富的有机组成部分，将人类对财富的认识扩展到社会和生态资源领域，我们可称之为绿色国民经济核算。

绿色 GDP（经环境调整的国内生产净值，Environmentally-adjusted Net Domestic Product，EDP）正是这一新核算体系的核心指标，简单来说，是指在现有 GDP 的基础上，扣除环境成本（包括资源成本）之后的余额。

> 3. 根据这两段内容，请用简单的数学公式列出“绿色 GDP”的核算方法。

具体而言，绿色 GDP 核算是在全面、协调、可持续发展观的指导下，把经济活动过程中的资源环境因素反映在国民经济核算体系中，将资源损耗成本、环境退化成本、生态破坏成本从 GDP 中扣除，同时加上环境保护的效益。

绿色 GDP 核算体系的建立需要一个过程，需要进行跨学科研究，需要各部门之间和国际的协调配合。

> 4. 关于绿色 GDP 核算体系，你认为主要涉及哪些学科的研究和协作？说说具体理由。

虽然学者们还在进一步探讨如何进行完整的绿色 GDP 核算，从而准确地反映经济发展与环境保护的并举之力，但“绿色 GDP”概念的提出与普及，至少反映了人们对保护环境资源、寻求可持续发展的警醒和自觉。

选自《绿色国民经济核算》，作者：王金南、蒋洪强、曹东等。有删改。

理解与练习

一、模仿下列语句中的表达形式，说一个完整的句子，不限话题

1. 没有自然资源的支持，人类劳动是创造不出任何物质财富的。
   没有……的支持，……是＋V＋不出……的

2. 对社会经济活动即社会物质产品的生产、分配、流通和使用进行综合反映。
   对……即……进行综合反映

3. ……把自然资源、生态环境资源都视为国民财富的有机组成部分。
   ……把……视为……

二、根据课文，回答问题

根据课文右侧的问题，逐层理解课文内容，并逐一回答问题。

1. ______________________________
2. ______________________________
3. ______________________________
4. ______________________________

交流与实践

三、小组活动

介绍一种绿色经济形式，注意从不同角度分类说明它与相应的传统经济形式有哪些不同。

四、拓展实践

通过关键词“GDP”或“绿色 GDP/EDP”，搜集相关文献资料。

检索要求

文献类型：期刊	推荐学科：经济学、环境科学
语言：中文	推荐数据库：维普、中国知网

列出所搜集的文献资料中关于“GDP”或“绿色 GDP/EDP”的不同论述，然后就以下话题做出总结：

- 什么是“GDP”“绿色 GDP/EDP”？请分别给“GDP”“绿色 GDP/EDP”下定义。
- 人们关于“GDP”的认识是如何发生变化的？
- “绿色 GDP/EDP”是如何进行计算的？
- “绿色 GDP/EDP”的算法在哪些方面已经得到具体实施？实施的意义有哪些？

本单元学习评估：复习所学，及时总结

使用康奈尔笔记法有效地记笔记，并定期复习，提高学习效率。

（记下关键词、重点句和问题）	（记录授课内容）

（写下对本单元所学的反思以及对重要问题的回答）

任务一：小组讨论与发表

学习提示：查找并讨论“科技”的定义与分类标准，再思考科技与美好生活的关系——科技是否让生活更美好了呢？

科技促进社会发展，让人们的生活更便捷，也更丰富。我们借助科技的革新享受更快捷安全的支付方式、高效率的办公工具、高速运行的公共交通……科技为我们的生活增添了更丰富的色彩，我们借助科技的发展拓展了了解世界的途径，也让自己的日常生活和休闲娱乐方式多姿多彩。那么，科技是否确实让生活更美好了呢？

小组讨论任务一：

在讨论科技是否让生活更美好之前，首先需要厘清“科技”的定义。通过查找词典、百科全书（类网站）、文献等收集并整理“科技”的定义，经小组成员讨论后，给出你们关于“科技”的定义。

定义	定义内容	来源
定义 1		
定义 2		
定义 3		
小组讨论后的定义		

小组讨论任务二：

除了了解“科技”的定义，还需要了解“科技”的分类。根据不同的分类标准，可以对“科技”进行不同的分类。例如有学者认为可以将“科技”分为两类：一类是了解、认识、解决社会问题的，这是社会科学和社会技术；一类是了解、认识和改造自然的，这是自然科学技术。你们认为关于“科技”的分类标准还有哪些？相应的例子有哪些？

序号	“科技”的分类标准	例子
1		
2		
3		
……		

小组讨论任务三：

了解了“科技”的定义和分类后，围绕“美好生活”这一概念，说说美好生活可以分为哪些不同的方面。

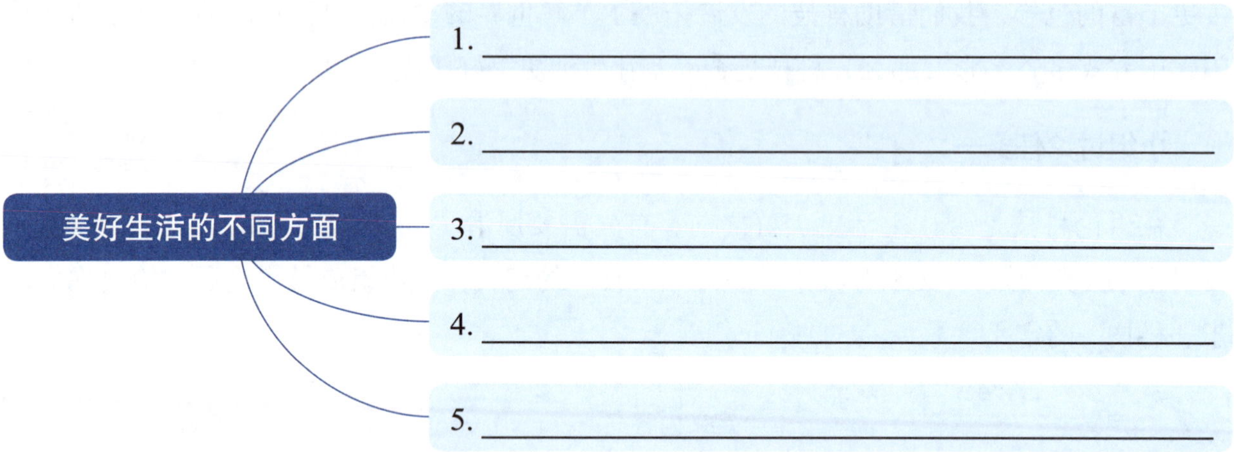

小组讨论任务四：

基于以上关于“科技”的定义、分类，以及对美好生活的内涵的总结，谈谈你对科技与美好生活关系的看法。

> **讨论结果整理**
> 科技与美好生活的关系：
> 1. ______________________________
> ______________________________
> 2. ______________________________
> ______________________________
> 3. ______________________________
> ______________________________

任务二：篇章写作训练

学习提示：通过小组讨论，你们完成了对“科技”的定义与分类、对美好生活的描述，以及对两者关系的讨论。基于以上讨论内容，参考下面的写作框架，围绕“科技让生活更幸福了吗?”这一主题完成一篇不少于500字的作文，题目自拟。

参照下面的“写作准备”，对本次专项写作所需要的相关技能、表达形式等，做必要的复习和整理。

写作准备：

- 确定选题——提出自己的主要问题或主要观点
- 查找资料——了解重要概念的定义与分类

复习“下定义”和“分类”的主要表达形式

通过以上的复习和整理，相信你已经对本次写作任务做了必要的准备。接下来，参照下面的“写作结构”，把你的思考过程和思考结果整理成完整的书面表达。

写作结构：

第一部分	• 导入：选题的相关背景、写作的主要目的等。
第二部分	• 简要介绍：和选题有关的信息及资料等，参考文献所反映的主要（或不同）观点等。
第三部分	• 主体部分：说明“科技”的定义与分类，以及美好生活的具体含义，并就科技与美好生活的关系进行论述。
第四部分	• 内容总结：总结主要信息和主要观点，得出合理的研究结论、建议或预测。

写作要求：

（1）确定选题，自拟题目，题目要完整、清楚。

（2）合理运用“下定义”“分类”的方法对科技与美好生活的关系进行说明。

（3）语言表述客观、准确、流畅，尽量避免过于口语化的表达。

（4）不少于500个汉字。

题目：________________________

500

【参考文献】

本课学习评估：复习所学，及时总结

使用康奈尔笔记法有效地记笔记，并定期复习，提高学习效率。

（记下关键词、重点句和问题）	（记录授课内容）

（写下对本课所学的反思以及对重要问题的回答）

第三单元

师法自然

自然是我们一切观念所产生的源头。

——雷诺兹

Nature is the source of all our ideas.

—Joshua Reynolds

学习目标

学术技能：提问

- 了解提问在学习中的必要性。
- 掌握提问的基本类型。
- 不同类型提问的常用表达形式。

语言技能

- **听**：抓取关键词语，判断、验证主要信息。
- **说**：通过不同的提问形式表达自己的思考。
- **读**：整理文章信息和结构，在练习的引导下主动提问。
- **写**：掌握关于提问的不同表达形式，练习以提问的形式进行成段表述。

热身

竹，在中国人的日常生活、经济生活和历史文化中有着重要的地位。

1. 从外形、习性、生长过程、种类分布、主要用途及文化价值等方面，说说竹子的主要特点。

2. 以竹为原料的日用品、建筑物或艺术品有哪些？

课文一 以竹为书

生词表 03-01-01

1. 金石	jīnshí	ancient bronzes and stone tablets
2. 甲骨	jiǎgǔ	shells of turtles and bones of animals
3. 丝帛	sībó	silk
4. 材质	cáizhì	texture; quality of material
5. 文献	wénxiàn	documents; literature
6. 文书	wénshū	documents
7. 契约	qìyuē	contract
8. 凭证	píngzhèng	certificate
9. 削	xiāo	cut; whittle
10. 媒介	méijiè	intermediary
11. 百家争鸣	bǎijiā-zhēngmíng	contention of the Hundred Schools of Thought
12. 盛况	shèngkuàng	spectacular event

专有名词

商朝	Shāngcháo	Shang Dynasty (about 1600 BC–1046 BC)

词语练习：选择合适的词语完成句子

甲骨　材质　文献　削　媒介　百家争鸣

1. ________铅笔的时候要小心，别伤到手指。

2. 考古发现的系列竹简资料，是研究中国古代思想文化的重要出土________。

3. 信息时代，网络已经成为人们交流的主要________。

4. 用肉眼判断物体的________，通常从色彩、纹理、透明度、反光度等几个方面出发：是木质的，还是铁质的；是玻璃制成的，还是陶瓷制成的。

5. 这种刻写在________上的文字，是中国目前发现的最早的成体系的文字。

6. 春秋战国时期，不同学派著书讲学，展开论争，这一文化现象被称为“________”。

学习提示： 03-01-02

我们将听到一段跟竹有关的短文，请注意细节信息。

理解与练习

一、听第一遍录音，选择正确答案

1. 使用纸张之前，（　　）是应用最广泛的书写材料。

   A. 竹子　　B. 竹木　　C. 牛皮　　D. 绳子

2. 中国古代，人们在竹片上（　　）书写。

   A. 从左到右　　B. 从上到下　　C. 从下到上　　D. 从右到左

3.（　　）时期，掌握文字的只有上层社会的少数人。

   A. 以前　　B. 商朝　　C. 秦朝　　D. 明清

4. 竹简的出现，将写字的成本（　　）。

   A. 大大提高　　B. 很快提高　　C. 大大降低　　D. 达到最低

二、听第二遍录音，判断下列信息是否正确

1. 竹简是中国最早的书写材料。（　　）
2. 中国早期的文字刻在甲骨和金石上，得到了广泛传播。（　　）
3. 竹简推动了汉字的传播。（　　）
4. 因为出现百家争鸣，所以有了竹简的流传。（　　）

交流与实践

三、小组活动

以下问题能否从听到的课文中得到答案？选择“能”或“不能”，并根据听到的课文做出相应的解释。

和小组成员进一步检验信息：除了听到的课文外，是否需要补充其他的必要信息？需要补充哪些信息？

问题 1：竹简和其他的汉字早期记录材料相比，有哪些优势？

根据录音能否得到答案？□能　　□不能

听到的课文信息：________________________________

补充信息：________________

问题 2：为什么说竹简的发明和使用“是中国传播媒介史上的一次重要革命”？

根据录音能否得到答案？□能　　□不能

听到的课文信息：________________

补充信息：________________

线上小课堂 ▶ 03-01-01

学习慕课《通用学术汉语·像苏格拉底那样提问》，了解提问的重要性。

提问的重要性

历史上，孔子和苏格拉底等著名人物，都强调过“提问”的重要性。提问是批判性思考的过程，是获取正确答案的有效手段。

提问，不仅是对别人发问，更是我们对自身的思考和检验。

我们可以学习苏格拉底式的提问，帮助自己或别人对观点和信息做出评判，提出正确的问题，从而更好地解决问题。

当我们提出问题时，需要整理出清晰的思路，做出清晰的表达：

✓问题是如何产生的？提出这个问题的目的是什么？它是不是最主要的问题？它是否值得探讨？

✓答案为什么是这样的？所给出的回答，是否提供了足够的、必要的信息？信息是否真实？是否存在其他的解释和可能？

✓问题之间存在怎样的联系？在看似孤立的问题之间，发现其中的线索和联系，并将其归结为某种深层次或根本性的原因。

课文二　不可一日无竹

生词表　03-02-01

1. 素	sù	always; usually
2. 笋	sǔn	bamboo shoot
3. 美誉	měiyù	good reputation
4. 筏	fá	raft
5. 薪	xīn	firewood
6. 履	lǚ	shoe
7. 可谓	kěwèi	may be said
8. 君	jūn	*a term of respect for others*
9. 笛子	dízi	*dizi*
10. 琵琶	pípa	*pipa*
11. 京胡	jīnghú	*jinghu*
12. 挺拔	tǐngbá	tall and straight
13. 赋予	fùyǔ	endow
14. 端正	duānzhèng	upright
15. 坚贞不屈	jiānzhēn bùqū	be firm and unyielding
16. 岁寒三友	suìhán-sānyǒu	the three friends of winter — the pine, bamboo and Chinese *mei* flower
17. 源远流长	yuányuǎn-liúcháng	long-standing and well-established
18. 渗透	shèntòu	permeate

专有名词

李约瑟	Lǐ Yuēsè	Dr. Joseph Needham, the author of *Science and Civilization in China*

词语练习：选择合适的词语完成句子

素　美誉　可谓　挺拔　赋予　岁寒三友　源远流长　渗透

1. 她常年坚持锻炼，虽然已经头发花白，但是身姿依然________。

2. 在中外文学作品中，月亮常常被________特殊的含义，例如用以表达爱情或团圆。

3. 车子突然发生故障，好在司机处理及时，没有人员受伤，________万幸！

4. 中国历史上秦朝、西汉、东汉、西晋、隋朝和唐朝等，都曾经在陕西西安建立都城，西安________有“十三朝古都”之称。

5. 唐代的著名诗人李白享有“诗仙”的________，他的诗歌充满想象力和浪漫色彩，深受中国人民的喜爱。

6. 在他写给母亲的这封信里，字字句句都________着他对母亲的思念。

7. 寒冷的冬天，梅花盛开，松树和竹子枝叶青翠。因此在中国传统文化中，梅、松、竹三者被称为“________”。

8. 儒家文化________，已经有两千多年的历史了，对世界文明的发展产生了深远的影响。

学习提示： 03-02-02

竹是重要的生产和生活资料，在中国有着悠久的应用史，进而形成了中国特有的竹文化。

竹子种类繁多，据现代资料记载，全世界有 1200 多种竹子，其中中国有 500 多种。中国的竹资源丰富，素有“竹子王国”的美誉。

竹子易于加工，应用广泛，自古以来就是中国人民生产、生活的重要资料。据资料记载，中国以竹建房已有 2000 多年的历史。“食者竹笋，庇者竹瓦，载者竹筏，爨者竹薪，衣者竹皮，书者竹纸，履者竹鞋，真可谓一日不可无此君也耶！”[①] 除此之外，竹还可以用于加工制成各种食品和药品。竹，广泛地存在于人们的衣食住行用之中。

研究中国科学技术史的著名学者李约瑟曾指出，商代时期的人们就已经知道了竹子的多种用途。因此，东亚文明往往被称为“竹子文明”，中华文明更应该被称为“竹子文明”。

在中国五千多年的历史中，各类竹制品和以竹为主题的文化艺术创作，构成了丰富多样的竹文化。用竹子制成的乐器，如笛子、琵琶、京胡等，丰富了人们的文化生活。

竹子姿态挺拔，外形秀丽。从古到今，中国的诗人、作家、书画家等赋予竹

① 出自［宋］苏轼《记岭南竹》。

子品行端正、坚贞不屈的形象。竹自古就和松、梅一起被誉为“岁寒三友”。

竹文化在中华文化中有着源远流长的历史，渗透到中华民族物质生活和精神生活的方方面面。

选自《专题设计：竹产品认知与创意》，作者：陈国东、陈思宇、傅桂涛。有删改。

理解与练习

一、在画线处填入相关信息并复述课文

1. 竹子________，据现代资料记载，全世界有 1200 多种竹子，________中国有 500 多种。中国的竹资源丰富，素有“________”的美誉。

2. 竹子________加工，应用________，________就是中国人民生产、生活的重要资料。

3. 竹文化在中华文化中有着________的历史，________到中华民族物质生活和精神生活的________。

二、根据课文，回答问题

1. 作者要表达的主要观点是什么？

____

____

____

2. 课文中用以支持作者主要观点的信息有哪些？需进行必要的检验：信息是否可靠、是否足够支持观点、是否需要补充其他的必要信息等。以表格形式呈现检验结果，并说明理由。如需补充信息，请注明信息来源。

参照下面的表格，整理对以上问题的思考结果。

主要观点				
信息	序号	信息概述	检验结果	理由
	1	竹子种类繁多。	非常可靠 ★★★★ 比较可靠 ☆☆☆ 基本可靠 ☆☆ 不太可靠 ☆	全世界有 1200 多种竹子，其中中国有 500 多种。 信息来源：《中国植物志·禾本科·竹亚科》。
	2		非常可靠 ☆☆☆☆ 比较可靠 ☆☆☆ 基本可靠 ☆☆ 不太可靠 ☆	
	3		非常可靠 ☆☆☆☆ 比较可靠 ☆☆☆ 基本可靠 ☆☆ 不太可靠 ☆	
	4		非常可靠 ☆☆☆☆ 比较可靠 ☆☆☆ 基本可靠 ☆☆ 不太可靠 ☆	

交流与实践

三、结合课文内容，了解竹文化和竹材产品

参照下面的表格，和小组成员通过“提问—回答”的方式，进一步了解相关内容，选择一人为代表回答整理的结果。

注意：提出的问题可以不止一个，不止一种形式；回答的信息，除直接使用课文的内容，建议搜索相关资料，补充必要信息。

序号	提出问题	回答信息	补充信息
1	中国为什么被称为“竹子王国”？	中国的竹资源丰富。	中国是竹子的原产地，是世界主要的产竹国之一。竹子在中国分布极广，种类丰富。
2		他是研究中国科学技术史的著名专家。	

续表

序号	提出问题	回答信息	补充信息
3	用竹子制成的产品有哪些？		
4	“岁寒三友”的说法说明了什么？		
5		竹文化在中华文化中有着源远流长的历史，渗透到中华民族物质生活和精神生活的方方面面。	

四、拓展实践

观察生活中有哪些物品是由竹材制作而成的。

常见的竹材产品有：

- 日常用品，例如：________________________________
- 文化用品，例如：________________________________
- 建筑产品，例如：________________________________
- ________，例如：________________________________

每个小组成员选择其中的一件物品，进行必要的资料整理，对这一物品进行说明和介绍。

其他小组成员参考以下内容，提出自己感兴趣的问题。

（1）它的主要功能是什么？

（2）它主要体现了或利用了竹材的哪方面特点？

（3）它在功能、设计等方面存在哪些优势或缺陷？

（4）它还有哪些创意性用途？

……

线上小课堂 03-02-01

学习慕课《通用学术汉语·像苏格拉底那样提问》，了解提问的类型和常用的表达形式。

提问的类型和常用的表达形式

根据提问的具体目的，我们把“提问”大致分为以下几种，其表达形式也有所不同。

1. 判断型问题。要求清晰地确认观点和信息，常用的表达形式有：“根据这些材料，可能得出的最佳结论是什么？”“将这些材料组合在一起的主要目的是什么？”

2. 检验型问题。主要用于检验信息能否支持观点，例如：“得出这一结论的主要依据是什么？”“这里是否遗漏了重要的证据？”

3. 程序型问题。可帮助明确问题的优先次序或者事件的发展过程，例如：“这一问题产生的直接原因是什么？根本原因是什么？”“这几种情况出现的前后顺序是怎样的？”可以使用序数词或图表等体现事件的发展变化。

4. 预测型问题。根据已有信息做出推理，用预测的结果检验观点和信息，例如：“如果这一结论成立，那么接下来会怎样？”

5. 拓展型问题。从相反方向或者从另一个角度提出问题，例如：“与之相反的情况是怎样的？”“这是从角度 A 做出的解释，那么从角度 B 应如何看待呢？”

课文三　以竹造物

生词表　03-03-01

1. 坚韧	jiānrèn	tough and tensile
2. 纹理	wénlǐ	texture; grain
3. 淡雅	dànyǎ	quietly elegant
4. 质地	zhìdì	texture
5. 弧形	húxíng	arc
6. 急剧	jíjù	rapid
7. 可塑性	kěsùxìng	plasticity
8. 集成材	jíchéngcái	glued laminated timber
9. 重组竹	chóngzǔzhú	bamboo scrimber
10. 竹展平板	zhú zhǎnpíngbǎn	flattened bamboo sheet
11. 交错	jiāocuò	interlock; crisscross
12. 耐	nài	bear; withstand
13. 腐蚀	fǔshí	corrode
14. 有望	yǒuwàng	be expected
15. 缠绕	chánrào	wind; twine
16. 混凝土	hùnníngtǔ	concrete
17. 弹性	tánxìng	elasticity
18. 韧性	rènxìng	toughness; tenacity
19. 舒适度	shūshìdù	degree of comfortableness

词语练习：选择合适的词语完成句子

急剧　交错　有望　混凝土　韧性　舒适度

1. 中国古代建筑常采用木结构，而现代城市建筑大多是________结构。
2. 他的性格中有一种难得的________，这让他虽经历多次挫折却能坚持下去。
3. 餐厅装饰特别讲究灯光和色彩，以增加客人就餐时的________。
4. 今天股市动荡，不少股票的市值________下跌，股民们损失不小。
5. 工程进展顺利的情况下，这座跨海大桥________在明年夏天通车。

6. 工作和生活并不总是矛盾对立的，也可以相辅相成，________进行。

学习提示： 03-03-02

竹具有独特的优势，人们对竹材料的利用和加工，历史悠久。现代科技的发展，为竹材料的开发和利用提供了更多的可能。

竹材轻而坚韧，纹理平直，色彩淡雅。竹子受热后质地变软，在外力作用下可弯曲成各种弧形，经急剧降温后使弯度定型。竹材的这一天然可塑性，使其造型效果往往胜于其他材料。

而且竹子具有生长快、成材时间短、生命力强等特点，被公认为绿色的资源库和能源库。尤其是在全球木材资源紧缺的情况下，竹材是木材的最佳替代品。

随着竹材加工技术的不断发展，人们成功开发出竹集成材、重组竹、竹展平板等新兴材料。例如重组竹，先将竹条用特定设备加工为交错相连的竹丝束，然后进一步加工成一种密度高、强度大、具有天然竹材纹理结构的新型竹材。重组竹耐腐蚀、耐磨损、使用寿命长、防火、防滑，有望成为未来的主要建材。

开发、利用竹材的又一力作，是建造高铁车厢。人们通过竹缠绕技术，实现了用竹子造高铁的科技突破和材料奇迹。简单地说，就是先将各种竹材加工成超薄的竹片，再进行胶合连接，然后采用机械缠绕工艺进行加工，经过缠绕技术处理后的竹材，比混凝土和钢铁还坚固，同时具有弹性高、韧性强等优点。还有很重要的一点是，由这一材料建造的车厢，防腐、防潮，不易点燃。这些为出行的旅客们提高了乘坐舒适度，增加了安全感。

人类以竹造物的历史，由来已久。竹子这一特殊天然材质，一直给人无穷的想象力和创造力。

竹子的应用空间，将是无限的！

选自《专题设计：竹产品认知与创意》，作者：陈国东、陈思宇、傅桂涛。有删改。

理解与练习

一、根据课文，判断下列信息是否正确

1. 在自然条件下，竹子因材质柔软，所以易弯曲变形。（　　）
2. 可以用竹材完全代替木材。（　　）
3. 重组竹已经成为新型的、主要的建筑材料。（　　）
4. 经过竹缠绕技术处理后，竹材比混凝土、钢铁还坚固。（　　）

二、根据课文，回答问题

关于以下问题，课文中提供了哪些信息？课文中是否“遗漏”了重要的信息？请运用程序型问题和拓展型问题的提问方式，整理并补充必要信息。

1. 以竹代木的原因有哪些？

例如：（1）“以竹代木”的直接原因是什么？

（2）“以竹代木”的根本原因是什么？

（3）实现“以竹代木”的关键环节有哪些？

……

2. 用竹子建造高铁车厢，主要有哪些实际的考虑？

例如：（1）如果不用竹材，那么高铁车厢的建造材料一般有哪些？

（2）竹材和其他材料相比，在建造高铁车厢上，表现出哪些优势？

（3）这里是从材料应用的角度谈竹材的优点，还可以从哪些角度展开谈竹材的优点呢？

……

参照下面的信息，组织并整理对以上问题的回答。

以竹代木的主要原因

课文信息	补充信息

以竹建造高铁车厢的主要原因

课文信息	补充信息

交流与实践

三、小组活动

根据“课文一”“课文二”“课文三”的课文内容，将竹子的应用通过“分类”的方法进行整理和总结。

四、拓展实践

结合具体产品，通过生活小实验或资料检索等方式，进一步了解竹材的特性和相关应用。

1. 天然竹材的基本特性有哪些？初步判断哪些是其优势，哪些是其劣势。在实际使用竹材的过程中，需避免或解决的主要问题有哪些？

2. 在实际生产、生活中，哪一类技术或产品已经解决（克服）了竹材的某一问题（缺陷）？请做简单介绍。

3. 关于竹材在未来的使用情况，可以做出怎样的预测？为什么？

参照下面的表格信息，整理对以上问题的思考结果，并进行成段表述。

序号	竹的特性	评价	需避免或解决的主要问题	技术或产品介绍、相关预测
1		□优势 □劣势		
2		□优势 □劣势		
3		□优势 □劣势		
4		□优势 □劣势		
5		□优势 □劣势		

课文四 坚固的花盆

生词表 03–04–01

1. 茎	jīng	stem
2. 竹鞭	zhúbiān	bamboo rhizome
3. 蔓延	mànyán	overspread
4. 繁殖	fánzhí	propagate
5. 芽	yá	bud
6. 发育	fāyù	develop; grow
7. 根系	gēnxì	root system
8. 持久	chíjiǔ	long-lasting
9. 耐用	nàiyòng	durable
10. 水泥	shuǐní	cement
11. 裂痕	lièhén	crack
12. 仿照	fǎngzhào	imitate
13. 浇筑	jiāozhù	cast (concrete, etc.)
14. 专利	zhuānlì	patent
15. 抗压性	kàngyāxìng	pressure resistance
16. 耐久性	nàijiǔxìng	durability
17. 拓展	tuòzhǎn	expand
18. 板材	bǎncái	slab; plate material
19. 土木工程	tǔmù gōngchéng	civil engineering

专有名词

巴黎世界博览会	Bālí Shìjiè Bólǎnhuì	Paris World Fair (Exposition Universelle)

词语练习：选择合适的词语完成句子

蔓延　发育　持久　耐用　裂痕　仿照　抗压性　拓展

1. 由于天气干燥，山林里的火势迅速________，造成了严重的损失。
2. 人类在很早的时候就有了飞行的梦想，开始________鸟类练习飞翔。

3. 人们有必要提高自己的抗压能力，因为一个人的________越好，越容易适应竞争激烈的现代社会。

4. 这次争吵之后，他们俩的感情出现了________，不再像以前那样无话不说。

5. 多学、多问，可以帮助我们________思路，从而找到解决问题的新方法。

6. 电视机、电冰箱、空调、洗衣机等日用品也属于________商品，消费者在购买这类商品时往往较为谨慎。

7. 如果你学习某项技能，仅仅是出于一时的好奇，往往很难________，一旦遇到困难就会退缩甚至放弃。

8. 研究发现，0～3 岁是脑部________的关键时期，此时大脑的可塑性是最强的，因此对孩子的早期干预具有重要意义。

学习提示： 03-04-02

创造发明似乎往往来自偶然的灵感，而人类发明的灵感源泉常常就是身边的大自然。

竹子的地下茎也叫竹鞭，横走于地下。一片竹林，看上去各自分立，地下的竹鞭却是连成一体的，蔓延成片。发达的竹鞭是竹子快速繁殖的主要原因之一。竹鞭上有节，节上会生根，会长芽。有的芽又长成了新的竹鞭，在土壤中不断延伸；有的芽会发育成笋，出土长成竹秆，然后逐渐发展成新的竹林。

据说法国园艺师约瑟夫·莫尼尔（Joseph Monier）正是受植物根系这一特点的启发，制造出了坚固的花盆，并推动了一种重要的材料——钢筋混凝土的使用。

在这之前，莫尼尔一直在寻找一种持久耐用的花盆，常规的陶质或木质花盆要么易碎，要么容易腐烂。他曾经自己动手用水泥做了个花盆，但水泥花盆没多久就出现了裂痕，使珍贵的花木受损。

在 1865 年的一天，莫尼尔不小心打碎了一个花盆，在清理时他发现，花盆碎了，但是盆中的泥土仍然是紧紧的一团。原来是植物的根系在泥土中互相交叉、缠绕在一起，形成网状的结构，使得原本松散的泥土变得很坚固。于是，莫尼尔有了一个绝妙的主意：在水泥中加入类似植物根系的结构，是不是就会增加水泥花盆的牢固性呢？按照这个想法，莫尼尔仿照植物的根系，做出铁质网格，再用水泥、砂石等浇筑成需要的形状，最后得到了坚固的花盆。

莫尼尔在 1867 年的巴黎世界博览会上展出了他的发明，并于同年 7 月获得了第一个混凝土容器的专利。人们将金属材料和混凝土结合在一起，增强了材料的抗压性、耐久性，而且不断拓展它的新用途，如制作水管、蓄水池、板材，甚至桥梁。

如今，钢筋混凝土不仅成为当代最主要的土木工程材料之一，而且也是造船业、机械工业、海洋开发、工艺制造等领域的重要材料。

选自《混凝土艺术》，作者：聂影。有删改。

理解与练习

一、模仿下列语句中的表达形式，说一个完整的句子，不限话题

1. 据说法国园艺师约瑟夫·莫尼尔正是受植物根系这一特点的启发，制造出了坚固的花盆。

据说……，正是受……的启发，……

2. 花盆碎了，但是盆中的泥土仍然是紧紧的一团。原来是植物的根系在泥土中互相交叉、缠绕在一起，形成网状的结构，使得原本松散的泥土变得很坚固。

……，但是……。原来是……，使得……

3. 按照这个想法，莫尼尔仿照植物的根系，做出铁质网格，再用水泥、砂石等浇筑成需要的形状，最后得到了坚固的花盆。

按照……，……，再……，最后……

二、根据课文，回答问题

下列表达“提问”的语句，从信息检验的角度，应分别出现在文中的哪一处？简要说明理由。

1. 在文中______处：如果看到竹子地下茎这样交错的形态，你会想到什么呢？

2. 在文中______处：如何得到更坚固的花盆呢？

3. 在文中______处：“莫尼尔的花盆”是不是仅能用于种植花木呢？

三、根据课文，回答问题，并复述课文内容

利用程序型问题的提问思路，选用合适的表达形式，复述“坚固的花盆”的故事。可参照以下信息和思路，组织、整理内容。

（1）产生制造“坚固的花盆”想法的直接原因是什么？重要条件是什么？根本原因是什么？

（2）制造“坚固的花盆”需要哪几个条件？这些条件出现的先后顺序是怎样的？

（3）使用有关时间或次序的词语，将上述主要信息连句成段。

交流与实践

四、小组活动

人类从大自然中获得灵感进行了许多发明创造，选择其中的一种（不限于以下图片内容），查阅相关资料，参照下面的表格，进行信息整理，并形成完整的语段，为其他小组做简要介绍。

紫罗兰

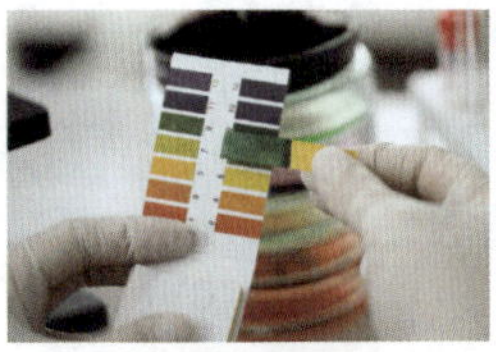
酸碱试纸

苍耳

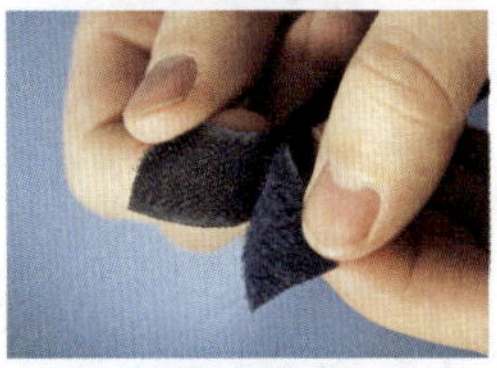
魔术贴

含羞草

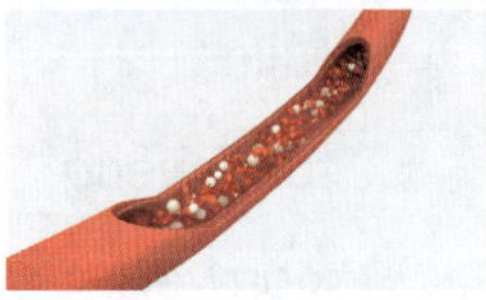
人工血管

产品名称	自然生物的特点	人类的发明和应用

课文五　师法自然

生词表　03-05-01

1. 师法自然	shī fǎ zìrán	learn from the law of nature
2. 精妙	jīngmiào	exquisite and ingenious
3. 鳍	qí	fin
4. 桨	jiǎng	paddle
5. 橹	lǔ	scull
6. 驾驭	jiàyù	drive; control
7. 锯子	jùzi	saw
8. 锋利	fēnglì	sharp
9. 效率	xiàolǜ	efficiency
10. 源泉	yuánquán	origin; source
11. 融入	róngrù	integrate into
12. 模仿	mófǎng	simulate
13. 青翠	qīngcuì	fresh and green
14. 凸起	tūqǐ	bulge
15. 亲水	qīnshuǐ	hydrophilic
16. 蜡质	làzhì	wax
17. 疏水	shūshuǐ	hydrophobic
18. 倾盆大雨	qīngpén dàyǔ	rain cats and dogs; downpour
19. 涂料	túliào	coating
20. 仿生	fǎngshēng	bionic
21. 纤维	xiānwéi	fiber
22. 研发	yánfā	research and develop
23. 柔韧	róurèn	pliable and tough
24. 转基因	zhuǎnjīyīn	transgene; transgenesis
25. 抵抗	dǐkàng	resist
26. 得益于	déyì yú	benefit from
27. 优化	yōuhuà	optimize
28. 梯度	tīdù	gradient

29. 梯度材料　　tīdù cáiliào　　Functionally Graded Material (FGM)

专有名词

鲁班　　Lǔ Bān　　Lu Ban, a Chinese master carpenter

词语练习：选择合适的词语完成句子

精妙　驾驭　源泉　融入　模仿　疏水　柔韧　得益于　抵抗　优化

1. 孩子会有意或无意________身边大人的言行，进而养成自己的行为习惯。
2. 公司的顺利发展，在很大程度上________准确的产品定位。
3. “飞流直下三千尺，疑是银河落九天”这样经典的诗句，总能让人感受到语言的________。
4. ________材料用作新型的涂料，常用于屋顶、地面的防水处理。
5. 大自然赋予万物生命，是一切生命和能量的________。
6. 对学习者来说，他们关注的是如何________学习方法，提高学习效率。
7. 有的老人常感叹自己的肢体动作不再灵活，这是因为人体的________性总会随着年龄的增长而下降。
8. 他的飞行经验明显不足，难以独自完成________飞机的任务。
9. 我建议新生多参加社团活动，在与同学的交流中，快速________大学生活。
10. 我们要讲卫生，勤锻炼，提高免疫力，增加对病毒的________力。

学习提示：

03-05-02

自然生物系统精妙、神奇，至今仍有许多人类不能模仿、破解之处。即使在科技高度发展的今天，自然仍是人类最好的老师。

人类从诞生之日起，就不断地从精妙的大自然那里获得知识和灵感，师法自然。相传远古时期，人们根据鱼的形态做出小船，又仿照鱼鳍制成了桨和橹，增加船的动力，驾驭船的方向。据说春秋时期，鲁班偶然间被野草划破了手，原来野草的两侧长着密密的细齿，他由此得到启发，发明了木工锯子，锋利的锯齿大大提高了人们的劳动效率。

随着对生物系统研究的深入，人类不再是简单地复制自然，而是自觉地将生物系统作为新技术思想和创造发明的源泉，将生物学的研究发现融入各行各业的技术革新之中。其中一项重要工作就是，模仿生物的特点或特性开发新型材料。

例如，莲叶青翠洁净，雨水落到叶面上，就化为水珠滚来滚去。这是因为莲叶

的表面布满用肉眼和普通显微镜无法观察到的、大大小小的凸起，还覆盖着一层不亲水的蜡质，从而构成一个极薄的超疏水表面。因此，即使倾盆大雨，水滴也不会渗入莲叶，反而会在滚动中清洁叶面。这就是莲叶的自清洁效应。人们由此开发了可自清洁的面料和建筑涂料，包括仿生荷叶的织物、防水漆、玻璃等等。

二十世纪以来，人们模仿蚕和蜘蛛吐丝的过程研制出各种人造纤维。当人们欣赏蚕丝的美丽光泽时，科学家们更感兴趣的是对蚕丝、蛛丝仿生材料的研发。蜘蛛丝是世界上最结实的纤维之一，同时具有高弹性、高柔韧性，可以说是目前世界上性能最优良的纤维。据科学家的计算，一根铅笔粗细的蜘蛛丝，就能使一架正在航行的飞机停下来。利用转基因实验得到的人工丝，即称作“牛奶钢”或“生物钢”，不仅强度高，而且质量轻、易降解。生物化学家们认为，这一新型纤维有着广阔的应用前景。

我们再说回竹子。竹子中空外直，质轻而柔韧，能够抵抗强烈的侧风，这主要得益于竹子能够自然优化纤维分布。研究表明，成竹的断面上，纤维的密度由内向外呈梯度增加。除了竹子，贝壳、牙齿、骨骼等也具有同样的特性，生物体通过方向性生长，形成高强度、高韧度梯度材料的过程，为人们师法自然、开发新型复合材料提供了重要思路。

选自《神奇的“生物钢”：仿蜘蛛丝纤维》，作者：许兰杰。有删改。

理解与练习

一、模仿下列语句中的表达形式，说一个完整的句子，不限话题

1. 相传远古时期，人们根据鱼的形态做出小船，又仿照鱼鳍制成了桨和橹，增加船的动力，驾驭船的方向。

……根据……，……，仿照……制成了……

2. 随着对生物系统研究的深入，人类不再是简单地复制自然，而是自觉地将生物系统作为新技术思想和创造发明的源泉。

随着……，……不再是……，而是……

3. 竹子中空外直，质轻而柔韧，能够抵抗强烈的侧风，这主要得益于竹子能够自然优化纤维分布。

……，能够……，这主要得益于……

二、根据课文，完成表格

序号	自然物	自然物的特点或特性	所对应的产品或发明
1	鱼		
2	野草		
3	莲叶		疏水材料
4	蜘蛛丝		“牛奶钢”
5	竹子		

交流与实践

三、小组活动

小组成员之间通过“提问—回答”的方式，认识以下人工物和自然物，并完成练习。

1. 用线连接对应的人工物和自然物。

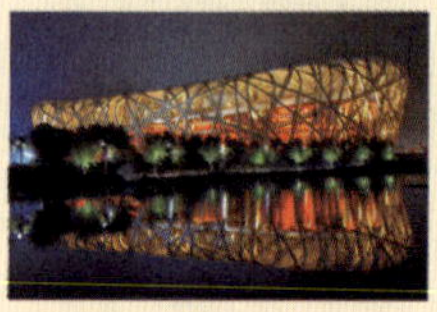
国家体育场

快速泳衣

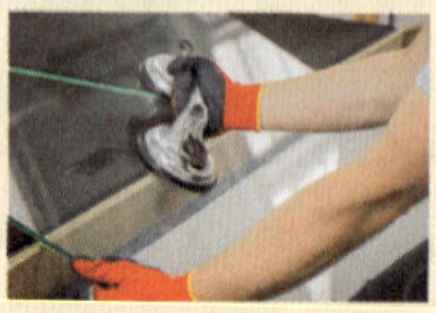
吸盘

百洁布

电子眼

章鱼

鲨鱼

天然海绵

青蛙

鸟的巢

2. 结合相关信息，指出以上人工物主要模仿了对应自然物的哪些特点。参照下面的表格，进行简要的介绍和分析。

序号	自然物的特点或特性	仿生设计所追求的目标
1		
2		
3		
4		
5		

四、拓展实践

人类对大自然探索、学习和应用的过程，我们称之为“仿生学”(Bionics)。仿生学的重要研究目标之一，是开发人类需要的仿生材料。

结合实际生产或生活的需要，充分展开想象，未来还可能会出现哪些仿生材料？通过模仿自然还可以发明出怎样的产品和技术呢？

提出合理设想，并简要说说仿生理由。

提出设想：

____

____

预测产品的应用场景：

____

____

仿生设想的主要理由：

____

____

本单元学习评估：复习所学，及时总结

使用康奈尔笔记法有效地记笔记，并定期复习，提高学习效率。

（记下关键词、重点句和问题）	（记录授课内容）

（写下对本单元所学的反思以及对重要问题的回答）

学术场景Ⅱ：高效记笔记

学习目标

- 了解并掌握康奈尔笔记法
- 了解并掌握思维导图式笔记法和提纲式笔记法
- 了解并掌握利用笔记有效复习的方法

技能训练

- 训练一：康奈尔笔记法
- 训练二：思维导图式笔记法和提纲式笔记法
- 训练三：利用笔记有效复习

热身

小组活动

观看讲座视频，并将重要内容记录下来。 03-06-01

____

____

____

____

根据下面的提示信息，对上面记录的内容进行归纳，并比较两次整理的结果。

要点

材料的定义：

材料的重要性：

线上小课堂 03-06-02

学习慕课《通用学术汉语·康奈尔笔记法好不好用?》，了解如何运用康奈尔笔记法做笔记。

康奈尔笔记法

康奈尔笔记法是20世纪50年代由康奈尔大学的教育学教授沃尔特·波克发明的。半个多世纪以来，做笔记的工具随着科技发展更新迭代，但这种简单有效的笔记法仍受到广泛认可。因为使用康奈尔笔记法不仅可以在课堂上记录下重要信息，还可以在课后有条理地整理笔记，并通过总结和复述等方式加深对课堂内容的理解。

康奈尔笔记法分为五个步骤：

1. 记录。首先，在笔记本或笔记类软件的空白页面上划分出上下两个区域，大小比例为3∶1，其中上面的部分分成较窄的左侧区域和较宽的右侧区域；然后，在页面最上方记录下主讲者的姓名、课程日期以及主题等；接下来，在右边较宽的区域以简洁的文字记录课程内容。

2. 精简。这一步可以在课堂上完成，也可以在下课后完成。具体的做法是将右侧的笔记精简为几个关键词，或归纳为一些重点句和问题，以简单明了的形式写在较窄的左侧区域。

3. 背诵。要把所学内容真正变成自己消化理解的知识，记忆背诵非常必要。可以利用笔记左右两侧的对应关系进行背诵。首先，遮盖住右侧的具体知识点，根据左侧的关键词句来复述和背诵右侧的内容；然后，查看右侧的内容，对自己所背诵的内容进行确认或修改。

4. 思考。将对所学内容的反思及重要问题的回答写在最下栏。此外，还可以再次检查是否有新问题产生。

5. 复习。定期通过笔记进行复习巩固。

训练一：康奈尔笔记法

学习提示：观看讲座视频，根据上文关于康奈尔笔记法的介绍，将相应的内容整理到下面。

▶ 03-06-03

（记下关键词、重点句和问题）	（记录授课内容）
（写下对本课所学的反思以及对重要问题的回答）	

线上小课堂 ▶ 03-06-04

学习慕课《通用学术汉语·康奈尔笔记法好不好用？》，了解如何运用思维导图式笔记法和提纲式笔记法做笔记。

思维导图式笔记法和提纲式笔记法

思维导图式笔记法就是以思维导图的形式来做笔记。不同的思维导图适合不同的课堂内容。

第一种是逻辑图。逻辑图是围绕一个观点或者概念进行分析和扩展，用来梳理主要观点和次级观点之间的关系，或者观点和论据之间的关系。树状图和组织结构图也有类似的功能，都可将分层级的内容清楚地展示出来。

第二种是时间轴，适合用来整理与历史发展有关的知识。比如：展示历史大事年表；对某一复杂事件的分析，也可使用时间轴来梳理事件发展的进程。

第三种是鱼骨图，可用来展示原因和结果的关系。如果讲课内容涉及因果关系或影响因素的分析，就可使用鱼骨图将其形象地展示出来。

以上几种思维导图都是对线性思维的整理，事实上思维导图最大的特点是发散式的结构，以某一个问题或概念作为起点进行发散，形成多级的、细分的各种相关的观点和概念，让想法越来越丰富，最终形成一个树状图。当课堂形式是讨论课时，就可以使用思维导图进行发散思考，将新观点和想法记录下来。

第二类笔记法是提纲式笔记法，即以提纲或者大纲的形式来做笔记的方法。通常使用分级符号（例如数字、英文字母等）清楚地区分出主要观点和次级观点，以及对观点的论证。此外，还可采用缩进的方式来表示主要观点和次级观点的关系。

训练二：思维导图式笔记法和提纲式笔记法

学习提示：观看讲座视频，并利用所给思维导图对讲座内容进行整理。 ▶ 03-06-05

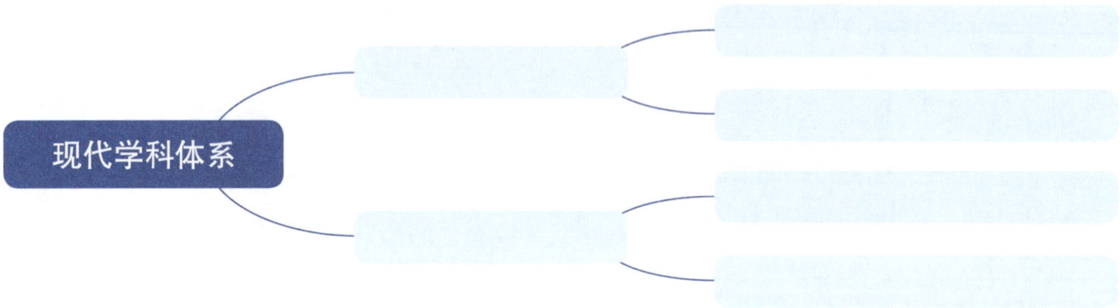

线上小课堂 03-06-06

学习慕课《通用学术汉语·康奈尔笔记法好不好用?》，了解课后如何利用笔记进行复习。

课后利用笔记进行复习

无论使用哪种或者哪几种方法来记笔记，课后都有必要对笔记进行整理，并定期利用笔记进行复习。艾宾浩斯遗忘曲线告诉我们，在刚完成学习并记住了一个知识点的短时间内，遗忘速度是最快的。所以，如果能在课后的一天之内利用笔记进行复习，那么就可以最好地记住所学的知识。之后，过一天、一周、一个月再分别进行复习，就能将所学的知识真正变成储存在脑子里的知识了。

那么，要怎么利用笔记进行复习呢?

首先，重新整理笔记：

1. 标记出笔记中的重点内容；
2. 修改笔记中不清楚、不准确的表达；
3. 补充相关材料；
4. 梳理出各知识点之间的关系。

其次，根据笔记中记录的每次课的主题，回忆老师是从哪几个方面来论述这个主题的，再根据每个方面的主要观点回忆老师是如何对观点进行论证的。然后与笔记中所记录的内容进行比较。

最后，还可以根据笔记的内容进一步查找相关的文献资料，形成自己关于这个主题的看法，甚至形成自己学术研究的方向。

训练三：利用笔记有效复习

学习提示：根据上文的内容，总结利用笔记进行复习的方法。

第一，重新整理笔记

1. ________________
2. ________________
3. ________________
4. ________________

↓

第二，________________

↓

第三，________________

本课学习评估：复习所学，及时总结

使用康奈尔笔记法有效地记笔记，并定期复习，提高学习效率。

（记下关键词、重点句和问题）	（记录授课内容）

（写下对本课所学的反思以及对重要问题的回答）

第四单元

飞到月球上去

宇宙从何处来，又往何处去？

——史蒂芬·霍金

Where does the universe come from and go?

—Stephen Hawking

学习目标

学术技能：举例子

- 了解举例子的作用和应用。
- 如何选择合适的例子来表达观点。
- 学习举例论证的方法。

语言技能

- **听**：抓住所举例子中的信息，了解举例的作用。
- **说**：了解举例子的基本句式，积累典型事例的素材。
- **读**：掌握举例论证的结构。
- **写**：掌握举例论证的分析方式。

热身

小组讨论：宇宙中，有很多神秘有趣的现象，如下面这些例子。把你了解的关于这些例子的内容填入表格中。

例子	你了解的内容
流星雨	
UFO	
极光	
日全食	
……	

课文一 飞到月球上去

生词表 04-01-01

1. 引力	yǐnlì	gravitation
2. 束缚	shùfù	tie; bind
3. 遥远	yáoyuǎn	faraway
4. 飞跃	fēiyuè	leap
5. 凭	píng	(go, etc.) by; (be based) on
6. 嫦娥奔月	Cháng'é bēn yuè	the Goddess Chang'e flying to the moon, an ancient Chinese folklore
7. 探测	tàncè	probe
8. 探测器	tàncèqì	probe; detector
9. 飞越	fēiyuè	fly across

专有名词

阿波罗	Ābōluó	Apollo

词语练习：选择合适的词语完成句子

遥远　探测　凭　飞跃　束缚

1. 他________自己的意志顶住了这一诱惑。
2. “阿波罗 11 号”的成功登月，是人类月球探测历史上的一次伟大________。
3. 要远离家乡去那么________的国家，父母不太放心。
4. 多国联合发射了宇宙________器，想对太阳系的神秘世界展开探索。
5. 改革中应该大胆尝试，不要被旧思想________，要勇于挑战。

学习提示： 04-01-02

我们将听到一段跟人类探测月球有关的短文，请注意细节信息。

理解与练习

一、听第一遍录音，完成连线

1959 年 1 月	美国“阿波罗 11 号”实现人类首次登上月球
1969 年 7 月	苏联“月球一号”实现人类探测器首次飞越月球
2007 年 9 月	中国“嫦娥一号”发射成功
2007 年 10 月	日本“月亮女神号”发射成功

二、听第二遍录音，判断下列信息是否正确

1. 月亮离地球有遥远的 38 万公里。(　　)
2. “嫦娥奔月”是中国有关太阳的神话故事。(　　)
3. 首次将人类脚印留在月球上的是“嫦娥一号”。(　　)
4. 人类发射的探测器首次飞越月球的国家是美国。(　　)

交流与实践

三、小组活动

请各小组成员谈谈自己国家与天文有关的神话传说，以及这些神话传说在今天如何通过不同的艺术形式进行展现。例如：

✧ 文学作品
✧ 电影、电视作品
✧ 动画、游戏
✧ 音乐剧、歌舞剧

线上小课堂 04-01-01

学习慕课《通用学术汉语·举例子》，了解举例子的作用和注意事项。

举例子的作用和注意事项

举例子是通过列举有代表性的、恰当的事例来说明事物特征的方法，为了说明事物的情况或事理。

举例子的作用：使文章内容更清楚，便于读者理解。在人们对某事或某方面情况不是很了解时，提供一些既通俗易懂又有代表性的例子，可以使表达的内容或观点更清晰，更有说服力。

举例子需要注意的事项：

✓一是所举例子要与所说明的问题内容一致，不能以偏概全，更不能过度泛化，否则就起不到说明的作用。

✓二是所举例子要尽量典型、有影响力和代表性，以增强说明的效果。

✓三是所举例子要通俗易懂、深入浅出，特别是科技类文章更应如此。而且应让人感到有可信度，能说明事物的特征，语言表述要言简意赅。

课文二　你听说过“万户飞天”吗？

生词表　04-02-01

1. 烟花	yānhuā	fireworks
2. 捆绑	kǔnbǎng	tie up
3. 飞行器	fēixíngqì	aerocraft
4. 风筝	fēngzheng	kite
5. 版本	bǎnběn	edition; version
6. 记载	jìzǎi	record
7. 命名	mìngmíng	name
8. 火箭	huǒjiàn	rocket
9. 骄傲	jiāo'ào	proud
10. 云梯	yúntī	scaling ladder
11. 尝试	chángshì	try
12. 燃料	ránliào	fuel
13. 反作用力	fǎnzuòyònglì	reaction/force
14. 能人巧匠	néngrén qiǎojiàng	skilled craftsman

专有名词

1. 万户	Wànhù	Wan Hu, name of a Chinese official
2. 万户山	Wànhù Shān	a lunar crater named after Wan Hu

词语练习：选择合适的词语完成句子

尝试　燃料　骄傲　记载　能人巧匠　版本

1. 他热爱这项运动，并且为所取得的成就感到________。
2. 这篇文章真实地________了战役发生的前因后果。
3. 这部词典下个月将会出版最新________，可以等一等再买。
4. 石油是一种常见的化石________。
5. 从全国各地请来那么多________，一定能完成这个伟大的计划。
6. 很多年轻人乐于________ DeepSeek 这种新鲜事物。

学习提示： 04-02-02

课文中用举例的方法说明中国古代“火箭上天”的故事。

你们听说过“万户飞天”的故事吗？据说 14 世纪末，有个叫“万户”的中国官员将 47 支烟花捆绑在椅子上，做成了一个飞行器，然后他手拿两个风筝，坐上座椅，点燃了烟花。不过很不幸，万户的飞行器被炸毁了，而他自己也失去了生命。这个故事以不同形式的版本，记载在某些西方的航天史文献中。现在就连月球上的一座环形山，也以他的名字命名，叫“万户山”。

在中国的历史资料中，未发现关于万户的记载。火箭技术是登月的关键，而中国是火箭技术的发源地。中国人经常骄傲地说：“火箭是中国人发明的！”比如：早在三国时期就有记载，魏国守将曾用火箭烧了敌军攻城的云梯，这是“火箭”这个词第一次出现；如果说唐代出现的烟火类玩物还是用在日常生活中，那么北宋使用的“火药箭”就完全用于战争了；而到了明代，火箭不但用于军事领域，而且还出现了“万户”火箭载人飞行的尝试。不管在哪个时期，这些发明都是利用燃料燃烧后产生的反作用力推动物体朝前发射而“上天”，应该说中国古代能人巧匠把火箭技术推进到了高级阶段，为近代火箭的研制开启了思路。

选自《揭秘太空：人类的航天梦》，作者：张天蓉。有删改。

理解与练习

一、在画线处填入相关信息并复述课文

1. 据说 14 世纪末，有个叫“________”的中国官员将________支烟花捆绑在椅子上，做成了一个________。

2. 这个传说以不同形式的________，记载在某些西方的航天史________中。现在就连月球上的一座环形山，也以他的名字________，叫“万户山”。

3. 我们知道，火箭技术是登月的________，而中国是火箭技术的________。

4. 不管在哪个时期，这些发明都是利用燃料燃烧后产生的________推动物体朝前发射而“上天”，应该说中国古代________把火箭技术推进到了高级阶段，为________的研制开启了思路。

二、根据课文，口述表格中不同时期的“火箭”代表性事例

时期	代表性事例
三国时期	
唐代	
北宋	
明代	

交流与实践

三、拓展实践

下面的四名航天员闻名于世，选择其中一位，在网上检索其在世界航天事业中有代表性贡献的事例，进行 2 分钟的口头报告。

A. 尤里·阿列克谢耶维奇·加加林

B. 迈克尔·柯林斯

C. 瓦伦蒂娜·捷列什科娃

D. 杨利伟

四、小组讨论

交叉学科，是指不同学科相互交叉、融合、渗透而出现的新兴学科，如化学生物学、环境科学与能源科学、数理与信息安全、物理生物学、数学地球物理、生物影像学和生命科学等。结合自己的专业，在表格中填入学科交叉融合创新的例子。

交叉学科	包括哪些学科
机器人研究	力学、控制学、计算机科学等学科
金融工程	金融学、应用数学、统计学和理论物理等学科
人工智能	计算机科学、心理学、哲学和语言学等学科
智能车辆工程	人工智能、电子科学与技术、自动化、经济学、管理学等学科

课文三 “水中火箭”

生词表 04–03–01

1. 射击	shèjī	shoot
2. 顶	dǐng	butt
3. 随处可见	suíchù kě jiàn	be seen everywhere
4. 敲击	qiāojī	pound; knock
5. 墙壁	qiángbì	wall
6. 施加	shījiā	exert
7. 机制	jīzhì	mechanism
8. 即使	jíshǐ	even though; even if
9. 摆动	bǎidòng	swing
10. 乌贼	wūzéi	cuttlefish
11. 逃生	táoshēng	escape; flee for one's life
12. 储水	chǔshuǐ	store up water
13. 借助	jièzhù	with the help of
14. 介质	jièzhì	medium
15. 类似	lèisì	be similar
16. 氧化剂	yǎnghuàjì	oxidant

词语练习：选择合适的词语完成句子

逃生　施加　摆动　随处可见　即使　类似　射击　借助

1. ________于计算机的模拟计算，我们对产品进行了新一轮的改进。
2. 这座城市________桂花树，每到九月就能闻到清新的花香。
3. 晚会上，大家随着音乐________身体，玩儿得很开心。
4. ________只有一次机会，我也一定会抓住。
5. 别给孩子________这么大的压力，孩子需要慢慢成长。
6. 我们一定要吸取经验教训，防止________事故再次发生。
7. 消防人员正在给大家普及遇到火灾等危急情况时该如何________。
8. 他在这次________比赛中百发百中，不愧是世界冠军。

学习提示： 04-03-02

"水中火箭"的运行原理是怎样的？课文中运用了怎样的方法说明"水中火箭"的运行原理？

火箭的原理说起来很简单，不就是反作用力嘛！就像人在射击的时候，子弹或者炮弹向前跑，枪托或炮身却往后顶的道理一样。的确如此，反作用力随处可见，你用手敲击墙壁，会感到痛，这是因为墙壁施加于手的反作用力。地面上的许多运动也是通过反作用力实现的。当你认真分析多种运动机制后会发现，即使是由反作用力的原理而产生的运动，也有两种不同的方式。比如，人在水中游泳，是利用手臂、腿及身体的摆动，将身边的水向后推，同时水对人体产生一个向前的反作用力，使人向前运动。但是，乌贼则有另外一种水中应急逃生时采用的运动方法，它们的身体内有一个储水的口袋，它会在身体收紧时，将其中的水急速喷出，借助于这些水喷出时的反作用力，乌贼便会迅速做反向运动。总结以上两种反冲运动的规律，游泳人的反冲力是通过周围的介质间接获得的，而乌贼的反冲力则通过自身喷水而直接获得。能在没有介质的太空中前进的火箭，其运动原理类似于乌贼，因此人们常称乌贼为"水中火箭"。

喷气式飞机也是依靠尾部喷出高速气体的反冲力使得机身向前运动。但太空火箭的发动机则不仅需要自带燃料，还要自带氧化剂。因此，火箭的基本构造就是燃料加氧化剂。用固体燃料的为固体火箭，用液体燃料的则为液体火箭。

选自《揭秘太空：人类的航天梦》，作者：张天蓉。有删改。

理解与练习

一、根据课文，选择正确答案

1. 下列例子中不属于反作用力的是（　　）。
   A. 人在射击的时候，枪托往后顶
   B. 用手敲击墙壁，手会痛
   C. 炮弹向前发射时，炮身会向后运动
   D. 一个人静止不动地坐着
2. 关于乌贼是"水中火箭"的理解，正确的是（　　）。
   A. 因为乌贼像游泳人一样具有反冲力
   B. 乌贼与火箭运动原理一样

C. 因为乌贼和火箭都能产生平衡力

D. 这只是日常生活中大家的一种玩笑

3.“游泳人的反冲力是通过周围的介质间接获得的”这句话中的“介质”与下列例子中的“介质”所指不一致的是（　　）。

A. 一种物质存在于另一种物质内部时，后者就是前者的介质

B. 光进入水中，水就是介质

C. 光通过镜片，镜片就是介质

D. 介质就是指人们生活的环境

二、根据课文，回答问题

1. 用简洁的语言复述图中的例子，说明人是如何运用反作用力的。

____

____

____

____

2. 课文介绍了“水中火箭”，用简洁的语言概括。

____

____

____

____

交流与实践

三、小组活动

下面是日常生活中常见的作用力与反作用力的现象，选取其中一个现象进行解释。除了下面所举的现象，结合你的生活经验，说说生活中还有哪些现象体现了作用力与反作用力。

□ 两个鸡蛋互相碰撞后都有损伤

□ 用手敲打桌面手痛

□ 划船

□ 人走路

□ 两个队拔河

四、拓展实践

票价昂贵的太空旅游距离我们到底还有多远？

发射火箭、漫步宇宙、探索太空，这些过去只属于科幻小说和电影的场景，随着现代技术的不断突破和日益成熟，正在成为现实。不少国家的私人航天公司正在竞相推出太空旅游项目。分小组检索资料，列举能推动太空旅游这一产业发展的新技术、新发明。

____

____

____

____

____

____

线上小课堂 04-03-01

学习慕课《通用学术汉语·举例子》，了解举例论证的作用和结构。

举例论证的作用和结构

举例论证：运用典型事例来证明论点。

举例论证在学术写作中并非简单地举例子，有效的举例论证实际上是逻辑归纳的过程。举例论证是举出事例来证明观点的论证方法，是在分析和研究许多个体事物的基础上，总结出共同结论的一种推理形式。也就是说，我们在充分了解事实的情况下提出论点，用材料证明论点，再得出结论。

应用举例论证时的注意事项：

✓注重思辨能力的训练。

✓注重多渠道积累素材。

✓重视个性化创意表达。

✓注重写作文法。

举例论证的常见结构：对事例进行分析，以归纳普遍存在的共性来论证观点。

✓观点—事例—论证。

✓事例—论证—观点。

课文四　寻找人类第二家园

生词表　04-04-01

1. 天体	tiāntǐ	celestial body
2. 阴影	yīnyǐng	shadow
3. 水冰	shuǐbīng	water ice
4. 迹象	jìxiàng	sign
5. 液态	yètài	liquid state
6. 轨道	guǐdào	trajectory; orbit
7. 蒸发	zhēngfā	evaporate
8. 水星	shuǐxīng	Mercury
9. 锡	xī	stannum; tin
10. 铅	qiān	lead
11. 熔化	rónghuà	melt
12. 水蒸气	shuǐzhēngqì	steam
13. 体积	tǐjī	volume
14. 相当	xiāngdāng	be equal to
15. 聚集	jùjí	gather
16. 散发	sànfā	emit
17. 金星	jīnxīng	Venus
18. 孪生	luánshēng	twin
19. 貌合神离	màohé-shénlí	appear united outwardly but divided at heart
20. 木星	mùxīng	Jupiter
21. 土星	tǔxīng	Saturn
22. 天王星	tiānwángxīng	Uranus
23. 显然	xiǎnrán	obvious
24. 探索	tànsuǒ	explore

专有名词

NASA	National Aeronautics and Space Administration

词语练习：选择合适的词语完成句子

相当　迹象　蒸发　显然　孪生　聚集　锡　阴影

1. 同学们________在操场上一起观看篮球比赛。
2. 她们俩是________姐妹，大家经常分不清她们两个。
3. 水烧开之后会迅速________，变成水蒸气。
4. 他才二十八岁，就已经有了脱发的________。
5. 买了烤箱之后还需要买一些________纸，可以用来烤鱼、烤红薯。
6. 小时候她曾不小心掉进湖里，之后心里就有了________，不敢玩儿水了。
7. 弟弟虽然只学了一年汉语，但是现在却与学了两年汉语的哥哥水平________。
8. 毫无缺点的人________是不存在的，世界上并没有十全十美的人。

学习提示：

04-04-02

了解举例论证的结构：事例—论证—观点。

要寻找适合人类生存的天体，一是要考虑与太阳的距离，二是天体表面的温度，三是是否有大气层，其中有无氧气。大气层也决定了天体表面的气候。此外，还有一个颇为重要的因素，那就是天体上有没有水。

根据最新天文探测的结果，太阳系中存在“水”的星球还是不少的。比如NASA的航天器在水星和月球阴影下环形山的坑内发现了水冰存在的迹象。但是，像地球这样表面存在大量液态水的星球却不多。地球轨道以内的行星离太阳太近，在太阳这个大火球的炙烤下，即使曾经有过水，也逐渐蒸发掉了。比如离太阳最近的水星，它朝向太阳的一面，温度达到400 ℃以上，锡、铅等金属都会熔化，水则变成了水蒸气。而水星的体积很小，只和月亮相当，没有足够的引力将水蒸气聚集在周围，大部分水蒸气都散发到宇宙中去了。水星背向太阳的一面，长期不见阳光，温度在 −173 ℃以下，所以也不可能有液态水。而离太阳第二近的金星，其结构和大小比较接近地球，因此有人称金星是地球的孪生姐妹，但实际上这两个星球只是“貌合神离”的姐妹，因为它们的环境相差很大。金星表面的温度很高，有470 ℃左右，大气压力是地球的90倍，即使有少量的液态水，也不可能是一个适合人类生存的地方。至于距离太阳更远的行星中，木星和土星是气态巨行星，更远的天王星是冰巨行星，显然也不适合居住。这些行星的几个卫星，如木卫二、木卫三、木卫四、土卫二、土卫六，以及几个小行星，倒是有可能存在冰下海洋等条件，但还有待于进一步考察和探索。

因此，要寻找适合人类生存的天体，需要考虑各种因素，也许与地球最相似的火星将成为科学家们尤其关注的对象。

选自《揭秘太空：人类的航天梦》，作者：张天蓉。有删改。

理解与练习

一、根据课文，判断下列信息是否正确

1. 水星和月球都有水冰曾经存在的迹象。(　　)
2. 金星因为是地球的“孪生姐妹”，所以有水的存在。(　　)
3. 水星背向太阳的一面，温度在 -173 ℃以下，所以也不可能有液态水。(　　)
4. 天王星是冰巨行星，同样也不适合人类居住。(　　)

二、根据课文内容，说说寻找到适合人类生存的天体需要哪些条件，并完成表格

序号	条件	课文中的信息	补充的信息
1	距离		
2			人类能够生存下来的温度
3		大气层中是否有氧气	
4			
5			

交流与实践

三、拓展实践

我们在日常生活中常听有人说：“我是金牛座的，他是摩羯座的。”更有意思的是，很多人还喜欢用星座推算运势。查一查星座与天文的联系，并与小组成员讨论。

四、小组讨论

学习举例论证的方法，小组内部讨论交流后在下面的观点中选择一个，写出支撑该观点的事例论据，然后推选小组代表在课堂上做报告。

1. **浑天说：**中国古代关于宇宙结构的学说。中国汉代出现以著名天文学家张衡为代表的浑天说。

2. **地心说：**这个学说是长期盛行于古代欧洲的宇宙学说。它最初由古希腊学者欧多克斯提出，后经亚里士多德、托勒密进一步发展而逐渐建立并完善起来。

3. **日心说：**哥白尼提出的“日心说”，打破了长期以来居于宗教统治地位的“地心说”，实现了天文学的根本变革。

4. **宇宙大爆炸：**大约在 140 亿年以前，一场巨大的爆炸发生了，宇宙从此诞生。这场大爆炸就是宇宙大爆炸，这是关于宇宙起源最广为接受的理论。

5. **康德－拉普拉斯星云说：**该学说认为太阳系是由一块星云收缩形成的，先形成的是太阳，然后剩余的星云物质进一步收缩演化形成行星。

线上小课堂 04-04-01

学习慕课《通用学术汉语·举例子》，了解如何搜寻并积累典型事例作为素材进而将其运用到写作中。

举例论证的写作方法

1. **概括法：** 概括主要问题 + 分析原因 + 观点。根据素材总结概括出材料中提出的问题，结合实际情况和现今社会的现象来评判和分析，最后提出自己的观点和想法。

2. **结合法：** 根据所搜集到的事例进行梳理，加以分析，并提出自己的观点，做到内容上的与时俱进，旁征博引。

3. **引用法：** 经典事例 + 分析 + 观点。先引用一些经典事例以引出主题，结合事例内容归纳出主要观点，点明并突出自己的观点。

4. **剖析法：** 事例 + 分析 + 观点。归纳出事例的共性，然后对此进行深入研究和分析，最后进行自我观点的阐述，引出结论。

课文五　夜空中最亮的“星”

生词表 04-05-01

1. 开创	kāichuàng	start (a new era)
2. 新纪元	xīnjìyuán	new era
3. 震惊	zhènjīng	shock; amaze
4. 操纵	cāozòng	control; operate
5. 围绕	wéirào	move around; encircle
6. 并驾齐驱	bìngjià-qíqū	go side by side; run neck and neck
7. 激烈	jīliè	intense
8. 振奋	zhènfèn	exhilarated; high-spirited
9. 跃跃欲试	yuèyuè-yùshì	itch for a try
10. 奠基	diànjī	lay a foundation
11. 雄心勃勃	xióngxīn bóbó	ambitious
12. 执政	zhízhèng	govern; be in power
13. 甘心	gānxīn	be content with
14. 后来居上	hòulái-jūshàng	catch up from behind
15. 俱乐部	jùlèbù	club
16. 鼓励	gǔlì	encourage
17. 坠落	zhuìluò	fall; drop
18. 截至	jiézhì	up to
19. 参照系	cānzhàoxì	frame of reference

专有名词

1. 戈达德	Gēdádé	Robert Hutchings Goddard
2. 埃斯诺－佩尔特里	Āisīnuò Pèi’ěrtèlǐ	Robert Esnault-Pelterie
3. 戴高乐	Dàigāolè	Charles de Gaulle
4. 钱学森	Qián Xuésēn	Qian Xuesen, or Tsien Hsue-shen
5. 赵九章	Zhào Jiǔzhāng	Zhao Jiuzhang
6. 周恩来	Zhōu Ēnlái	Zhou Enlai

词语练习：选择合适的词语完成句子

并驾齐驱　奠基　围绕　操纵　激烈　甘心　坠落　后来居上　鼓励

1. 过这座桥时要注意安全，如果不慎________，恐怕很难被救上来。
2. 李教授一直________着我，我的毕业论文在他的帮助下顺利完成。
3. 今天的作业是________“绿色食品”这个主题写一篇作文。
4. 他们吵得动起了手，非常________，我拦都拦不住。
5. 你已经付出了这么多努力，你真的________放弃吗？
6. 他是整个事件的幕后________者，应当受到惩罚。
7. 新的教学大楼即将动工，学校要举行一个________仪式。
8. 最后冲刺时，两名运动员________，一齐到达终点。
9. 只要充分发挥自己的实力，________并不是不可能。

学习提示：

04-05-02

通过各国发射人造卫星的事例，了解人类迈向太空的足迹。

当你仰望夜空时，看到的最亮的那颗星也许就是人造卫星。人造卫星是环绕地球在空间轨道上运行的无人航天器，可以分为科学卫星、技术试验卫星和应用卫星。任何国家想要独立地发展自己的航天事业，都需要从发射人造地球卫星开始，这是迈向太空的第一步。

苏联在 1957 年 10 月 4 日成功发射了世界第一颗人造地球卫星“PS-1”，开创了人类航天的新纪元，震惊了整个世界。这是人类第一次发射无人操纵太空飞行器，它位于地球大气层之外，在围绕地球的轨道上运行。紧接着，1958 年 1 月 31 日，美国的第一颗人造卫星“探险者 1 号”也成功发射。虽说“探险者 1 号”卫星发射略晚于苏联，但是美国与苏联在航天研究领域可以说是并驾齐驱。两国在激烈的竞争中把空间技术推向了新的阶段。苏联、美国先后发射的人造卫星让全世界为之振奋，很多国家都跃跃欲试。

法国有一位与美国戈达德同时代的航天先驱埃斯诺－佩尔特里，他既研究航空，又研究航天，做出了不少奠基性的贡献。1959 年，雄心勃勃的戴高乐执政后，不甘心只有苏美进行太空竞争，法国却被“拒之于外”。他大力推动火箭及航天的研究，1965 年“A-1 号”成功发射，法国成为第三个发射卫星的国家。

此外，还有几个在航天技术上后来居上的东方国家，包括日本、中国和印度。

1970年2月11日，日本的“L-4S-5”火箭成功发射了日本的第一颗人造卫星“大隅号”。而中国，作为古代火箭的发源地，积极发展火箭技术以加入国际航天俱乐部。早期，钱学森、赵九章这些受西方教育的科学家返回祖国，为国效力，在周恩来总理的支持与鼓励下，于1970年4月24日成功发射了中国的第一颗人造地球卫星“东方红一号”。如今，美国、日本等国家的第一颗卫星早已经坠落在大气层中，而我们的“东方红一号”依旧在天上转动！截至2024年底，中国在轨卫星超千颗，包括通信卫星、导航卫星、气象卫星、科学探测卫星等。中国已是航天器发展最兴旺发达的国家之一。

在现代人的生活中，每天收看的天气预报，或者在地图上寻找某一个地方，都需要借助人造卫星。人造卫星不仅是人类进入太空的标志，也是如今航天工程中最具有使用价值的航天器，更是衡量一个国家航天领域发达程度的参照系。

理解与练习

一、根据课文，选择正确答案

1. 世界上哪个国家发射了第一颗人造地球卫星，开创了人类航天的新纪元？

A. 美国　　B. 苏联　　C. 中国　　D. 法国

2. “但是美国与苏联在航天研究领域可以说是并驾齐驱”，对这句话中的“并驾齐驱”，理解正确的是（　　）。

A. 水平不分高下

B. 水平相差比较大

C. 水平完全一样

D. 水平有一定程度的差距

3. 下列理解正确的是（　　）。

A. 人造卫星是衡量一个国家航天领域发达程度的参照系

B. 法国觉得自己在太空竞争中实力不如苏联和美国，似乎处在被“拒之于外”的世界局面中

C. 在航天技术上后来居上的东方国家，包括日本、中国和韩国

D. “PS-1”“探险者1号”“A-1号”是同一个时期发射的卫星

二、根据课文，列出各国发射人造卫星的信息，并概述全球人造卫星现状

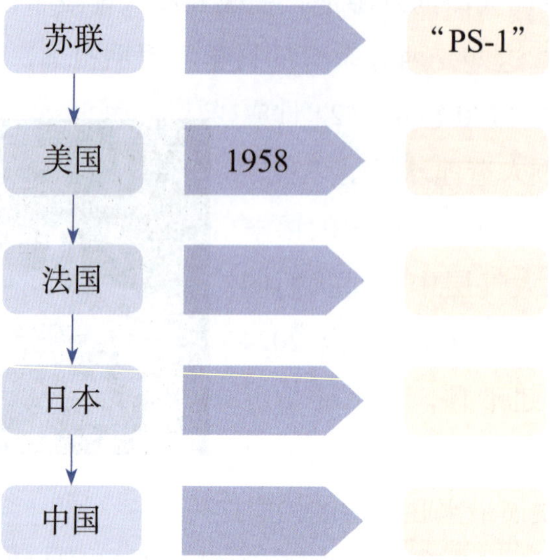

概述目前全球人造卫星的发展情况（100 字左右）：

____

____

____

____

____

三、关于人造卫星，课文可以分成三个部分，将每一部分的主要内容填写在下面

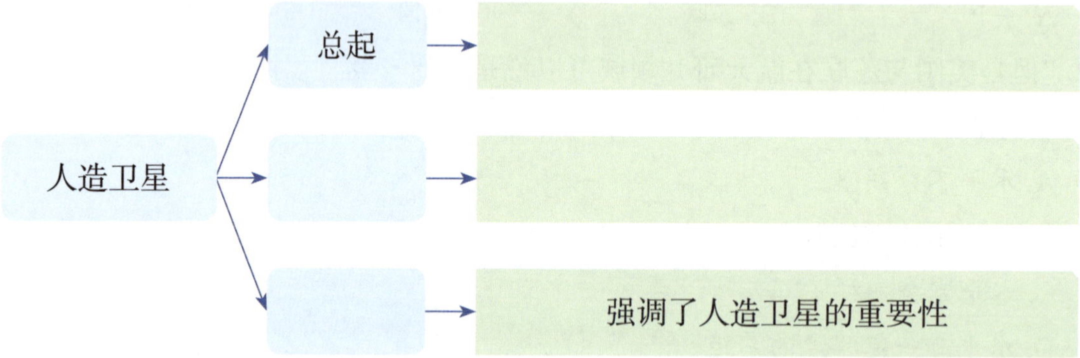

交流与实践

四、拓展实践

中国航天事业蓬勃发展，其中不少航天项目的命名既浪漫又富有寓意，选择其中之一说一说它的特殊含义。

A. “神舟”飞天

B. “嫦娥”奔月

C. “北斗”指路

D. “夸父”计划

E. “悟空”探测

五、小组讨论

神舟飞船上的“干饭人们”20 年来伙食的变化。

参照下面的信息，从食物类别和数量的变化，对相应内容进行归纳总结，各小组选择一名代表谈谈神舟飞船上的“干饭人们”20 年来伙食的变化，并举例说明采用哪些新技术、新手段可以保证航天员食物的新鲜度和口感。

序号	神舟飞船系列	食物类别	食物数量
1	神舟五号（2003）	即食食品	二三十种
2	神舟六号（2005）	热食热饮	四五十种
3	神舟七号（2008）	中式风格炒菜	八十多种
4	神舟十号（2013）	私人定制	近百种
5	神舟十一号（2016）	增加点心和夜宵	一百多种
6	神舟十二号（2021）	一周不同菜单	一百二十多种
7	神舟十六号（2023）	种植新鲜蔬菜	一百五十多种

本单元学习评估：复习所学，及时总结

使用康奈尔笔记法有效地记笔记，并定期复习，提高学习效率。

（记下关键词、重点句和问题）	（记录授课内容）

（写下对本单元所学的反思以及对重要问题的回答）

任务一：小组讨论与发表

学习提示：尝试用“提问”的方式提出自己的思考，引起读者的兴趣，然后通过“举例”的方式，帮助自己更具体、更清晰地回答问题。

> 人类在很早的时候，就为上天、入海、去远方做出不懈的努力。
>
> 在人类历史中，曾先后出现过哪些常用交通工具？这些交通工具分别有着怎样的优点、缺点？在历史进程中曾发挥过哪些重要的作用？在交通工具方面，将来会有哪些新的发展和应用？

就上述问题，和小组成员选择一个角度，结合具体实例，展开充分讨论。

在讨论开始前，由一位同学设计问题，引导讨论逐步深入，其他同学根据相关信息和资料，回答问题，并互相检验答案的科学性与合理性。

可参考以下思路和信息，选择其中一个角度，开展小组工作：

1. 对不同历史阶段人类在陆地上和海洋中的主要交通工具进行合理的分类说明，对每种类型的交通工具举出主要的具体实例，说明其发展历程、优缺点及发展前景等。

2. 在某一国家或地区，人们主要的交通工具形式及其功用有哪些，结合这一国家或地区的主要特点，结合具体实例进行解释分析。

3. 新技术的应用使得交通工具和交通方式发生了怎样的变化？具体表现在哪些方面？对未来交通工具和交通方式的变化做出合理预测。

信息整理：

参照下面的表格，组织、整理主要内容。

选题角度：关于＿＿＿＿＿＿＿＿＿＿		
提出问题	回答问题	相关资料和主要依据（具体实例）
1.		
2.		
3.		
……		
一句话总结（根据以上信息得出的主要观点或主要结论）：		
【参考文献】		

任务二：篇章写作训练

学习提示：如何通过“提问—回答”形式组织你要发表的内容？“举例”发挥了哪些重要的作用？及时总结有益的经验，让它们在接下来的写作中得到充分运用。

参照下面的“写作准备”，对本次专项写作所需要的相关技能、表达形式等，做必要的复习和整理。

写作准备：

- 确定选题——提出自己的主要问题或主要观点
- 设计提问——基于相关的资料或实例

复习“提问”和“举例”的主要表达形式

通过以上的复习和整理，相信你已经对本次写作任务做了必要的准备。接下来，参照下面的“写作结构”，把你的思考过程和思考结果整理成完整的书面表达。

写作结构：

第一部分	● 导入：选题的相关背景、写作的主要目的等。
第二部分	● 简要介绍：和选题有关的信息及资料等，参考文献所反映的主要（或不同）观点等。
第三部分	● 主体部分：以“提问—回答”的形式，逐步推进内容；充分结合实例、数据或资料等，做出相应的回答和分析。
第四部分	● 内容总结：总结主要信息和主要观点，得出合理的研究结论、建议或预测。

写作要求：

（1）确定选题，自拟题目，题目要完整、清楚。

（2）合理运用“提问—回答”的方法展开内容，并进行“举例”说明，使内容更充实。

（3）语言表述客观、准确、流畅，尽量避免过于口语化的表达。

（4）不少于500个汉字。

题目：________________

500

【参考文献】

本课学习评估：复习所学，及时总结

使用康奈尔笔记法有效地记笔记，并定期复习，提高学习效率。

（记下关键词、重点句和问题）	（记录授课内容）

（写下对本课所学的反思以及对重要问题的回答）

第五单元

纯种猫的痛

物竞天择，适者生存。

——查尔斯·达尔文

Survival of the fittest in the natural world.

— Charles Darwin

学习目标

学术技能：概括

- 了解概括在学习过程中的必要性。
- 掌握概括的基本方法。
- 掌握扩展概括的多种表达形式。

语言技能

- **听：** 抓取关键词语，判断、验证主要信息。
- **说：** 利用概括的表达形式总结自己和他人的观点。
- **读：** 利用概括的基本方法，梳理文章的基本结构。
- **写：** 掌握概括的多种表达形式，练习综合概括的写作方法。

热身

小组讨论：生命是什么？下面图片中的事物，你觉得哪些是有生命的？哪些是没有生命的？为什么？

用提炼要点的方法，将讨论结果整理出来，写在下面。

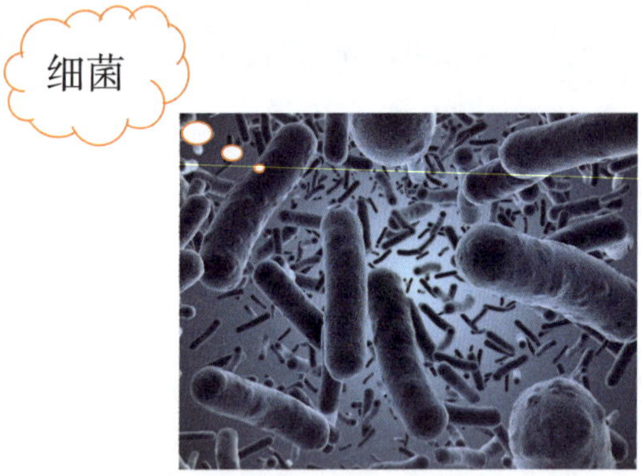

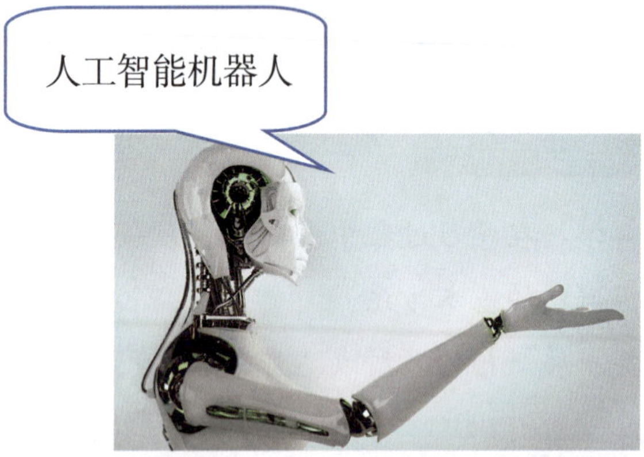

事物	生命体 / 非生命体？	为什么？（观点）
细菌		
火焰		
人工智能机器人		
哺乳动物		

生命是什么？

____

____

课文一　生命是什么？

生词表　05-01-01

1. 新陈代谢	xīnchén-dàixiè	metabolism
2. 物质	wùzhì	substance
3. 能量	néngliàng	energy
4. 变异	biànyì	vary
5. 复合	fùhé	compound; complex
6. 留意	liúyì	pay attention to
7. 特有	tèyǒu	peculiar; unique
8. 火焰	huǒyàn	flame
9. 回应	huíyìng	respond
10. 划分	huàfēn	divide
11. 生物多样性	shēngwù duōyàngxìng	biodiversity

词语练习：选择合适的词语完成句子

留意　复合　新陈代谢　能量　回应　划分

1. 这是一种新型的________材料，特别牢固。
2. ________速度加快的话，你会更容易瘦下来。
3. 我们单位缺人，如果有合适的人，你帮我________一下。
4. 久坐办公室的人因活动量不足，摄入的________过多，导致越忙越胖。
5. 对于贵公司提出的具体方案，我们回去马上进行商讨，一定会尽快做出________。
6. 中国的菜肴可以________为八大菜系，每一种菜系都有一些名菜，各有特色。

学习提示：　05-01-02

我们将听到一段跟生命的定义有关的短文，请注意细节信息。

理解与练习

一、听第一遍录音，判断下列信息是否正确

1. 课文的主题是现代医学对生命的常用定义。(　　)
2. 有生命的生命体被称为生物。(　　)
3. 生命是一种单一现象，是生物体所表现的自身繁殖。(　　)
4. 地球上原来并没有生命，大约在 38 亿年前，才在一定的环境下形成了原始生命。(　　)
5. 由于遗传，地球上的生物不断发展，地球才成为今天这样具有生物多样性的世界。(　　)

二、听第二遍录音，完成表格

要点	具体内容
生命的定义	自身繁殖、生长发育、新陈代谢、物质和能量交换、遗传变异，以及对刺激的反应的复合现象
应用生命的定义时需留意的部分	
	约 38 亿年前，地球上形成了原始生命，后来因变异、遗传和适应生存的自然选择，生物得以不断发展

三、生命是一种复合现象，根据课文中关于生命的常用定义，对“热身”活动中四个事物可以被称为“生命体”或“非生命体”的原因，进行进一步说明

提示：四个事物分别是细菌、火焰、人工智能机器人、哺乳动物。

生命体	非生命体

原因：

我认为属于生命体的是……，因为……

我认为不属于生命体的是……，因为……

课文二 禄丰始熊猫的素食生活

生词表 05-02-01

1. 充沛	chōngpèi	plentiful; full
2. 万万	wànwàn	absolutely; by no means
3. 捉摸不定	zhuōmō bùdìng	guessed what was happening but did not know what was really taking place; uncertain
4. 连锁	liánsuǒ	linked; like a chain
5. 迁	qiān	move
6. 骤变	zhòubiàn	change suddenly
7. 彪悍	biāohàn	doughty; valiant and fierce
8. 无奈	wúnài	have no alternative
9. 素食	sùshí	vegetarian meal
10. 瓜分殆尽	guāfēn dài jìn	divide up completely
11. 历尽	lìjìn	go through
12. 小众	xiǎozhòng	non-mainstream
13. 广泛	guǎngfàn	extensive
14. 不屑	bùxiè	disdain to do sth.
15. 啃	kěn	gnaw; bite

专有名词

禄丰始熊猫	Lùfēng Shǐxióngmāo	Ailurarctos lufengensis

词语练习：选择合适的词语完成句子

充沛　万万　捉摸不定　无奈　彪悍　素食　瓜分殆尽　历尽　小众

1. 这些战士看起来非常________。
2. 这里的天气________，今年春天就来迟了。
3. 他好不容易找到的宝藏被强盗________了。
4. 我也想参加这次运动会，________脚受伤了，只能让小明替我参加。

5. 运动是最好的休息，它能让你时刻保持________的精力。
6. 我________没想到，你竟会做出这种事情来！
7. 研究人员________艰辛，才最终到达目的地。
8. 健康减肥，要特别注意________和荤食的搭配。
9. 这个属于________音乐，很多人连听都没听说过。

学习提示： 05-02-02

熊猫原本是肉食动物，后来为什么要以吃竹子为生呢？接下来让我们一起了解一下熊猫的素食生活之始吧。

800多万年前，熊猫祖先禄丰始熊猫住在潮湿的雨林里。当时的地球更加暖和，降水充沛，食物来源非常丰富，基本上能够保证禄丰始熊猫餐餐有肉。可是万万没想到，捉摸不定的气候破坏了禄丰始熊猫的美好生活。

冰河世纪的来临，导致全球气温急剧下降。由于生活环境偏南，温度相对较高，气候变化并未直接波及禄丰始熊猫，但没过多久，一系列自北向南的连锁反应开始了。不少动物迫于严寒，纷纷南迁，致使禄丰始熊猫不得不面临极大的生存挑战：环境骤变、食物被夺、病菌入侵……

既然自身难保，又没有跟彪悍的北方肉食动物在竞争中取得胜利的把握，禄丰始熊猫只能无奈地把原本视作零食的素食当作主食。但即便是素食，也被从北边来的草食动物瓜分殆尽。历尽尝试，禄丰始熊猫终于找到了一种小众食物，那就是竹子。那时的竹子广泛分布在现在的秦岭地区及四川地区，是非常容易找到的食物。更为重要的是，竹子的营养价值极低，连草食动物都不屑于采食。于是，禄丰始熊猫就这样啃起了竹子，也开始了素食的漫漫之路。

选自《生命密码：你的第一本基因科普书》，作者：尹烨。有删改。

理解与练习

一、在画线处填入各段相关信息并复述课文

第一段	800多万年前，熊猫祖先禄丰始熊猫住在____________。当时的地球更加暖和，降水充沛，食物来源非常丰富，基本上能够保证____________。可是万万没想到，____________破坏了禄丰始熊猫的美好生活。

续表

第二段	冰河世纪的来临，导致全球气温______。由于生活环境______，温度相对较高，气候变化并未直接波及禄丰始熊猫，但没过多久，一系列自北向南的______。不少动物迫于严寒，纷纷南迁，致使禄丰始熊猫不得不面临极大的生存挑战：环境______、食物______、病菌______……
第三段	既然自身难保，又没有跟彪悍的北方肉食动物在竞争中取得胜利的把握，禄丰始熊猫只能无奈地______。但即便是素食，也被从北边来的草食动物瓜分殆尽。历尽尝试，禄丰始熊猫终于找到了一种______，那就是______。那时的竹子______在现在的秦岭地区及四川地区，是非常容易找到的食物。更为重要的是，______，连草食动物都不屑于采食。于是，禄丰始熊猫就这样啃起了竹子，也开始了______。

二、根据课文，回答问题

1. 课文要说明的主要问题是什么？在下列选项中选择最恰当的一个，并说明其答案。

□熊猫是什么时候开始吃竹子的？	□熊猫是怎样从肉食动物变成草食动物的？
□环境能够改变熊猫的基因吗？	□熊猫的美好生活是怎么被打破的？

答案：______

2. 禄丰始熊猫为什么会把素食当作主食？

______

三、根据要点，补充相关信息，完成下列题目

1. 抓住“食物的变化及其原因”这一要点，补充信息。

食物的变化 → 原因（概括）

从肉食到______ → ______

从______到______ → ______

2. 要点不同，概括方式也会发生变化。分别以“食物的变化及其原因”和“从肉食动物到草食动物的过程”为要点，概括总结课文内容，并比较两种概括方式的异同。

要点 1：食物的变化及其原因	要点 2：从肉食动物到草食动物的过程
参考句式： 文章主要论述…… 其主要原因是……	参考句式： ……是怎么从……到……呢？ ……原来……，后来……，最终……。这说明……
概括：	概括：

交流与实践

四、拓展实践

四个留学生在学校咖啡馆聊天儿，讨论“生命的复制——克隆”问题，他们都认为不能制造克隆人。认真阅读他们的讨论内容，概括他们的观点。最后整理你对这个问题的看法，并在小组内进行讨论。

讨论时围绕以下两个要点。

要点 1：是否同意制造克隆人。

要点 2：克隆技术的应用方式。

留学生 A （汉语言专业）	不能克隆人，这不符合人类伦理道德观念。人类是通过血缘关系维系家庭的，这是家庭存在的意义。但是，克隆人是从实验室出来的，是人制造出来的。它违背了人类正常的繁殖方式，克隆人和被克隆人也不是通过血缘关系产生的，跟我们的传统不同。
留学生 B （心理学专业）	我同意 A 的想法，但有时候也要考虑一些特殊的情况。比如，有些人得了白血病这样的重病，需要骨髓移植，这在某种程度上应该也算克隆吧，因为它是把别人器官的一部分复制到自己的身上来。
留学生 C （临床医学专业）	医学上有一种说法叫作“治疗性克隆”，用于生产移植器官、治疗一些疾病等。所以我们老师常跟我们说，科学是一把双刃剑，有好的一面，也有坏的一面。某一科技的进步是否对人类有利，主要还是看人类能不能正确地使用它。
留学生 D （法律专业）	我也有同感。但是要怎么限制它的使用呢？光靠科学工作者的良心和责任感，我觉得是不够的。需要建立一些法律制度进行约束，还要加强道德教育。
概括：	

线上小课堂 05-02-01

学习慕课《通用学术汉语·如何概括一段话》，了解“概括”的有关知识。

概括的基本步骤

归纳概括是一种逻辑思维方式，也是一种语言表达技能。我们在阅读一篇文章、一本书或者观看一个影像资料的时候，首先要对其内容要点进行提炼。

那么，要怎样对要点进行提炼呢？我们要从对一个段落的概括开始。首先要分清什么是概括性语言和非概括性语言。概括的目的是认识和把握事物的本质，能够体现事物本质特征的语言就是概括性语言，它具有综合的、抽象的、直白的、正面的表达特点。非概括性语言是不能体现事物本质特征的语言，它是具体的、形象的、含蓄的、侧面的、反面的表达形式。概括就是将非概括性语言去掉或者将非概括性语言转换成概括性语言，具体可以分为以下两个步骤：

1. 找到段落中的关键词、关键句，并去掉非概括性表达；
2. 通过语言转化、句式转换的方法，进行概括。

选自《概括的力量》，作者：覃永恒。有删改。

课文三　人脑的演变

生词表　05-03-01

1. 节点	jiédiǎn	node
2. 神经元	shénjīngyuán	neuron; nerve cell
3. 神经	shénjīng	nerve
4. 升级	shēngjí	upgrade
5. 远古	yuǎngǔ	ancient times
6. 中枢神经系统	zhōngshū shénjīng xìtǒng	central nervous system
7. 应激	yìngjī	stress
8. 演化	yǎnhuà	evolve
9. 爬行动物	páxíng dòngwù	reptile
10. 集结	jíjié	concentrate; assemble
11. 脑干	nǎogàn	brainstem
12. 小脑	xiǎonǎo	cerebellum
13. 皮质	pízhì	cortex
14. 哺乳动物	bǔrǔ dòngwù	mammal
15. 传递	chuándì	pass on
16. 雏形	chúxíng	embryonic form
17. 灵长类	língzhǎnglèi	primates
18. 相揖	xiāng yī	bow to each other
19. 揭开	jiēkāi	uncover; reveal
20. 篇章	piānzhāng	sections and chapters
21. 奠定	diàndìng	establish; lay the foundation for

词语练习：选择合适的词语完成句子

节点　升级　中枢　集结　演化　雏形　揭开　篇章　奠定

1. 您的手机系统需要________，否则无法使用这个 APP。

2. 有人说女人过了四十就不再年轻了，其实我并不觉得四十岁是一个________，因为年轻是一个相对的概念，更是一种精神状态。

3. 据报道，过多食用这种食物会损伤人的________神经系统。
4. 这张设计图只是个________，我们还会根据客户的需求进一步完善。
5. 一群记者________在机场，等待采访国家队球员。
6. 人类是怎么从猿________成人的呢？
7. 这一重大发现为他今后的研究________了良好的基础。
8. 我要用汗水书写人生新的________。
9. 李教授的讲解为我们________了人脑的奥妙。

学习提示： 05-03-02

接下来，我们将一起探索人脑的演变。人类之所以能够摆脱先天劣势，成为万物之灵，靠的就是发达的大脑。

人脑容量可达1400毫升左右，每天接收和处理大约34 GB的信息，而这强大的信息处理能力，依赖的是信息连接的基本节点——神经元，人脑的神经元数量将近900亿。可以说，这是自然界最复杂的神经系统，经历了整整6亿年的不断升级。

6亿年前的远古生物可以说是“头脑简单”，或者说根本没有所谓的大脑结构，甚至连中枢神经系统都不完备。那时的神经系统，只有最简单的应激能力，仅能在外界的刺激下做出“有食物，快吃”“有危险，快躲”的简单反应，几乎没有任何记忆存储的功能，相当于只能接受简单信息的BP机（寻呼机）。对于生活简单的原始动物来说，这样的神经系统已经可以满足生活需求。然而很快，环境开始变得复杂。BP机式的神经系统遇到了障碍。

有一些生物成功“出水”，登上陆地，演化成了爬行动物。为了适应环境的复杂变化，大量神经细胞集结在一起，形成了脑干和小脑，这就是所谓的“基础脑”。但这种基础脑的功能十分有限，只有三层皮质，仅能满足最基本的运动需求。

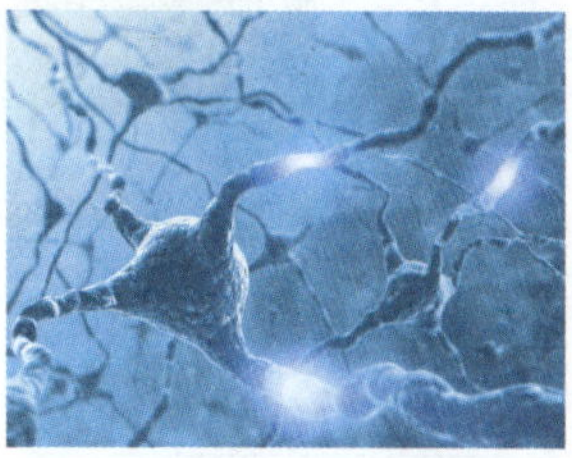

又经过一轮漫长的演变，地球迎来了哺乳动物，这些哺乳动物已有“初级大脑”，初级大脑演化出了更多新皮质层，传递信息的功能变得更强，未来人脑的雏形出现了。不过，大脑若想具备智能，还得熬到灵长类动物出现。以猩猩为例，其大脑皮质的神经元数量大约是90亿，神经系统相当于从BP机升级到了功能手机。

最终，人类与灵长类动物相揖而别，开始直立行走。与此同时，大脑也揭开了演化的新篇章，早期人类大脑皮质的神经元数量已经达到了160亿。终于，大脑像是从功能手机升级到了智能手机，开始奠定人类种群在生物界的江湖地位。

选自《生命密码：你的第一本基因科普书》，作者：尹烨。有删改。

理解与练习

一、根据课文，选择正确答案

1. 人脑具有强大的信息处理能力，这主要依赖于什么？
   A. 人脑巨大的容量
   B. 信息连接的基本节点——神经元
   C. 人脑长达 6 亿年的演化历史
   D. 人类凌驾于其他种群的基因
2. 关于“BP 机式的神经系统”，下列说法中正确的是哪几项？
   A. 根本没有所谓的大脑结构
   B. 只能做出类似于“有食物，快吃”这种简单的反应
   C. 基本具备未来人脑的雏形
   D. 可以满足基本的运动需求
3. 下列说法中正确的是哪一项？
   A. 远古生物的基础脑，仅能满足基本生活需求
   B. 灵长类动物的大脑很智能，神经元数量与早期人类相等
   C. 哺乳动物具有初级大脑，演化出了三层大脑皮质
   D. 早期人类大脑皮质的神经元数量达到了 160 亿，开始奠定人类种群在生物界的江湖地位

二、根据课文，回答问题

1. 课文中提到了三种通信工具，它们分别指代什么？为什么要用这种类比方式？

BP 机

功能手机

智能手机

____

____

____

____

2. 你知道“江湖”是什么意思吗？为什么说“大脑像是从功能手机升级到了智能手机，开始奠定人类种群在生物界的江湖地位”？

____

____

____

____

三、根据下表，在课文中找到相关句子并画线，通过提取关键词、关键句以及语言转化的方法，对其内容进行概括

物种	概括（脑的特点、功能）
远古生物	头脑简单，没有大脑结构，有简单的应激能力
爬行动物	
哺乳动物	
灵长类动物	
早期人类	

交流与实践

四、小组活动

在网上检索资料后参考示例，列出相应类别具体生物的名称、图片及信息，并在小组内进行分享。

物种	生物名称	图片	信息（生物名称由来、特征、结构等）
远古生物（示例）	三叶虫		三叶虫是距今5.6亿年前的寒武纪最有代表性的远古生物，是节肢动物的一种。由于其个体从纵向和横向上都可分为三部分，因此被地质学家命名为“三叶虫”
爬行动物			
哺乳动物			
灵长类动物			
早期人类			

课文四 纯种猫的痛

生词表 05-04-01

1. 白皮书	báipíshū	white paper
2. 精明	jīngmíng	astute; shrewd
3. 嗅	xiù	sense
4. 商机	shāngjī	business opportunity
5. 智商	zhìshāng	IQ (intelligence quotient)
6. 缺陷	quēxiàn	defect
7. 罕见	hǎnjiàn	rare
8. 痛苦不堪	tòngkǔ bùkān	very painful; in torment
9. 半显性	bànxiǎnxìng	semidominant
10. 软骨	ruǎngǔ	cartilage
11. 塌陷	tāxiàn	cave in; collapse
12. 哮喘	xiàochuǎn	asthma
13. 热衷	rèzhōng	be enthusiastic about
14. 奇异	qíyì	strange; bizarre
15. 牟利	móulì	make a profit
16. 审美	shěnměi	appreciate beauty
17. 牺牲	xīshēng	sacrifice

词语练习：选择合适的词语完成句子

精明 痛苦不堪 牟利 罕见 热衷 牺牲 缺陷

1. 他出卖他人个人信息，这属于非法________行为。
2. 狐狸再狡猾也斗不过________的猎人。
3. 疾病和亲人的离去，让她________。
4. 取笑别人的生理________是不道德的。
5. 今年气候异常，多个城市出现了________的干旱天气。
6. 他________于社会公益活动，几乎把所有的积蓄都用在了慈善事业上。
7. 人不能为了个人的利益，________他人的幸福，这是极其自私的行为。

学习提示： 05-04-02

纯种的折耳猫外形甜美可人，而这恰恰是由让它身体痛苦不堪的疾病造成的，这到底是怎么回事呢？

《2017年中国宠物行业白皮书》显示，截至2017年，全国宠物猫狗数量达到8746万只，市场规模达到1340亿元，这个数字在未来三年还将增加40%。这意味着，几乎每10个人中，就有一个人养猫或养狗。

一些精明人士从中嗅到了商机，繁育出了许多美丽可爱的纯种猫，吸引了大批爱猫人士。但是，正如近亲结婚容易影响后代智商，越是纯种的猫，越容易出现基因缺陷。虽然外形足够动人，但它们常常因为基因缺陷而患上罕见的怪病，一生痛苦不堪。

比如折耳猫。它们的耳朵总是整齐地扣在脑袋上，看起来乖巧可爱。其实，这是常染色体编码的半显性基因Fd导致的，这个基因会影响骨的生长和关节软骨的形成，是一种遗传性疾病，会导致折耳猫软骨发育不全。一旦病症发作，折耳猫全身上下都会剧痛，甚至不能走路。

加菲猫，又名异国短毛猫，是由美国短毛猫和波斯猫进行交配繁育得到的。加菲猫的鼻子有明显凹陷——鼻眼一线，靠血统、面相、颜色等来定价。但很多人不知道，这种鼻眼一线实际上是鼻骨发育不全导致的鼻腔较短或鼻腔塌陷，很容易引起呼吸不畅，甚至哮喘。

由于这些纯种猫的样貌足够稀奇古怪，不少人热衷于让它们将罕见病基因一代一代地传递下去，他们对猫外形奇异的追求，甚至超过了对猫健康的关注。不少猫成为不良商家牟利的工具，同时也成为满足人类审美的牺牲品。

选自《生命密码：你的第一本基因科普书》，作者：尹烨。有删改。

理解与练习

一、根据课文，选择正确答案

1. 文中提到了《2017年中国宠物行业白皮书》中的数据，主要是想说明什么？

A. 养宠物的人越来越多　　B. 宠物行业有待进一步发展

C. 猫和狗的繁殖能力很强　　D. 只有纯种宠物才会受到大家的欢迎

2. 关于“纯种猫”，下列说法正确的是哪几项？

A. 越纯种的猫越容易出现基因上的缺陷

B. 外形越是漂亮的猫，越容易产生缺陷，因此人们不应该总养漂亮的猫

C. 猫的遗传性疾病都是近亲交配造成的

D. 有的人对猫外形奇异的追求，甚至超过了对猫健康的关注

3. 下列说法正确的是哪几项？

A. 这篇课文告诉我们，不能无节制地追求纯种猫，因为这是导致纯种猫悲剧的根本原因之一

B. 造成加菲猫“哮喘”的直接原因是近亲交配

C. 人们不能为了满足自己的审美，牺牲猫的健康

D. 养猫养狗的行为和爱好才是给动物健康造成伤害的最根本的原因

二、根据课文，回答问题

1. 文中画线部分提到“越是纯种的猫，越容易出现基因缺陷”，纯种猫的外形和疾病到底有什么关联？补充下面的信息，并对相关内容进行概括。

宠物	→	概括（外形特点）	→	概括（原因及影响）
折耳猫	→		→	
	→		→	

____

____

2. 文中第二段提到了“精明人士”，它具体指的是什么样的人？根据课文内容，用下定义的方法陈述其定义，并结合课文内容举例说明。

____

____

3. 你觉得纯种猫的悲剧是谁造成的？在课文中找出能说明其原因的关键句，并说说你的看法。

____

____

交流与实践

三、小组活动

1. 跟小组成员合作，概括这篇课文的主要内容，并派一个代表发言。

参考句式：

文章通过……，说明……，旨在/其目的是……

作者通过……，说明……问题，作者认为其根本/直接/间接原因在于……

文章提出了……问题，主要从……方面论述……，以此说明……

小组概括：

2. 除了课文中提到的“折耳猫”和“加菲猫”之外，是否还有宠物跟它们属于一样的情况呢？列举 3 ～ 4 种宠物，概括它们的特点，以及造成这种特点的原因。

宠物	特点	原因

四、拓展实践

上网查找相关材料，看看你们国家有哪些保护宠物的相关政策和措施。它们分别是针对哪些问题的？从中挑选出比较有效的方法（2～3个），在小组内进行发言，看看谁的建议最有效、最有可行性，谁的陈述最有条理。

议题：如何保护宠物？

针对的问题	有效建议（2～3个）	出处（网站或参考文献）
弃养宠物		

课文五　菌群：最亲密的朋友

生词表　05-05-01

1. 菌群	jūnqún	flora
2. 孤独	gūdú	lonely
3. 本身	běnshēn	itself
4. 休戚与共	xiūqī-yǔgòng	share weal and woe
5. 肠道	chángdào	intestinal tract
6. 微生物	wēishēngwù	microorganism
7. 不为人知	bù wéi rén zhī	unknown
8. 至关重要	zhì guān zhòngyào	of great importance
9. 分娩	fēnmiǎn	deliver; give birth
10. 繁衍	fányǎn	reproduce; multiply
11. 粪便	fènbiàn	faeces
12. 低聚糖	dījùtáng	oligosaccharide
13. 诱导	yòudǎo	induce
14. 欲望	yùwàng	desire; wish
15. 培养基	péiyǎngjī	culture medium
16. 嘌呤	piàolìng	purine
17. 淀粉	diànfěn	starch
18. 释放	shìfàng	release
19. 毒素	dúsù	toxin
20. 炎症	yánzhèng	inflammation
21. 水土不服	shuǐtǔ bùfú	be unaccustomed to a new place
22. 脐带	qídài	umbilical cord
23. 血脉	xuèmài	blood relationship
24. 塑造	sùzào	model; shape
25. 传承	chuánchéng	inherit; pass on
26. 属性	shǔxìng	attribute; property
27. 构建	gòujiàn	construct

词语练习：选择合适的词语完成句子

孤独　不为人知　至关重要　诱导　释放　水土不服　血脉　传承　构建

1. 在大学阶段，发现学习的意义________。
2. 他能获得现在这样的成就，肯定付出了很多________的努力。
3. 一个人不一定________，很多人在一起也并不意味着热闹。
4. 喝酒、抽烟是________压力的一种方法，但并不健康。
5. 我们是________相连的一家人，不管你走得有多远，我们永远是你坚强的后盾。
6. 如何________和发扬优秀的传统文化，是一个永恒的话题。
7. 我们________的建筑模型，虽然具有创新性，但是并不符合用户的需求。
8. 离开家乡，去到一个陌生的地方，很容易________，所以每次出门妈妈总会给我准备家乡的食物和水。
9. 心理医生一般会用________的方式，帮助患者认识到自己的问题。

学习提示：

05-05-02

为什么说菌群是人类最亲密的朋友、肠道有益菌群是来自妈妈的“礼物”？这种说法的依据是什么呢？

人体内细菌的数量是细胞的数倍。这些肉眼看不见的细菌，光重量就可能有三斤多。可见我们每个人生来就不孤独，因为人体本身就是一个与菌群休戚与共的巨大的生态系统。

那么菌群是从哪里来的呢？在母亲带给孩子的无数“礼物”中，肠道微生物是最不为人知却至关重要的一部分。在母亲的子宫里，胎儿所处的环境几乎无菌，直到出生的时刻，通过自然分娩时的接触，以及呼吸和哺乳等途径，细菌才逐渐进入新生儿体内，开始在肠道内悄悄地落脚，形成了最初的肠道菌群。只需要不到两小时，这些细菌就可以繁衍数代。

菌群的繁衍引发了大家的好奇。研究者通过连续检测新生儿的粪便，发现在出生一年左右时，孩子的菌群就和母亲的很相似了。还有研究者发现，母乳中有很多低聚糖，人体本来无法吸收这种物质，那它们为什么会存在呢？原来它们的作用是诱导肠道的菌群——并不是喂孩子，而是喂细菌。通过一年的喂养和身体接触，母亲把自己的菌群连同这些菌群的养料都慢慢传递给了孩子。随着身体的成长、生活环境的稳定、饮食习惯的养成，每个人肠道菌群的种类结构逐渐稳定。

很多人习惯“妈妈的味道”，尤其怀念妈妈做的饭菜。这很可能不是你的主观欲望，而是你体内的肠道菌群们思念原来的“培养基”了。你从小到大吃进去的所有食物都会成为胃肠道细菌的“培养基”。对于从小吃海鲜长大的人来说，他的肠道菌群会逐渐习惯于那些高嘌呤、高蛋白的物质。假如有一天他到了一个以面食为主的地方，肚子里的细菌就不干了，因为这些细菌对淀粉缺乏食欲。由于无法得到相应的营养，有时候这些肠道菌群会释放一种毒素，进而造成肠壁局部的炎症，使人“水土不服”。看来，大家常说的想念“妈妈的味道”，究竟是人在思念家乡，还是肚子里的细菌在闹脾气或怀旧，还真是说不准呢！

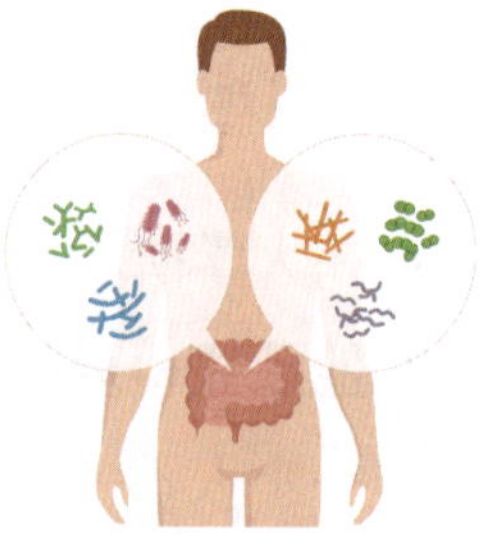

中国人常说“血脉相连”。我们从父母那里得到了遗传物质，还通过脐带得到母亲血液中的营养，这是血脉的传续。实际上，两代人的命运连接还有来自母亲的有益菌群的传递，与我们终身相伴，这是“菌脉”[①]的传递。另外，在成长过程中，我们不断接受家庭和社会的教育，学习文化知识，塑造自己，这是文脉的传承。在影响人类进步的过程中，菌群和基因、文化一样，发挥着重要的作用。“血脉”“菌脉”“文脉”三脉相承，一个具有社会属性的人，才算是真正构建出来了。

选自《生命密码：你的第一本基因科普书》，作者：尹烨。有删改。

理解与练习

一、根据课文，判断下列信息是否正确

1. 人体是一个和菌群共生的巨大的生态系统。(　　)

2. 人体最初的肠道菌群源自母亲，胎儿在子宫里就处于有菌状态。(　　)

3. 母乳中含有很多低聚糖，这种成分易于被人体吸收。(　　)

4. 胃肠道细菌的“培养基”不一定只是母乳，人们从小到大吃的所有食物都会成为胃肠道细菌的“培养基”。(　　)

二、根据课文，回答问题

1. 人体最初的肠道菌群是怎么形成的？

____

____

① “菌脉”一说出自《消失的微生物》，作者马丁·布莱泽创造性地提出“菌脉”，对与人类朝夕相处的菌群做出了生动确切的定义。

2. 母乳中含有的低聚糖的作用是什么？

3. “血脉”“菌脉”和“文脉”分别指的是什么？为什么说“三脉相承，一个具有社会属性的人，才算是真正构建出来了”？

三、结合课文内容，完成表格

1. 提炼每段内容的要点，并通过提取关键词、关键句以及语言转化的方法，概括每段内容。

段落	要点	概括内容
第一段	菌群与人类的关系	人体是和菌群休戚与共的巨大的生态系统
第二段	菌群的来源	
第三段	菌群最初的传递方式	
第四段		
第五段		菌群在影响人类进步过程中发挥着重要的作用，“血脉”“菌脉”“文脉”三脉相承，才能构建具有社会属性的人

2. 这篇课文可以分为三部分，根据表格提示进行划分，并对各部分内容进行概括。

功能	段落	概括内容
引入主题		
说明主题		
升华主题		

交流与实践

四、小组活动

什么是“妈妈的味道”？根据表格提示，检索相关资料，在小组内进行一个小型的采访调查，然后派一个小组代表概括其内容，并在班级内进行分享。

<table>
<tr><td rowspan="2">小组成员名</td><td>问题</td></tr>
<tr><td>问题 1：对你来说，代表“妈妈的味道”的食物有哪些？
问题 2：这些食物是否跟你的主观欲望有关？（儿时的记忆、思念妈妈等）
问题 3：这些食物是否跟肠道菌群的原来的“培养基”有关？
（可检索相关资料，从生物学角度解释你的饮食习惯）</td></tr>
<tr><td>爱华
（示例）</td><td>记录：代表性食物是“海鲜饭”。我就住在海边，爸爸虽然工作很忙，但是一到周末就会带我们去海边抓各种鱼虾，捕得少就买一些回家，总之晚上一定会有妈妈做的海鲜特色饭，每次身体不舒服我就会想到这道菜。当然我觉得这与我的饮食习惯也有关系，毕竟我是吃海鲜长大的，海鲜属于高嘌呤、高蛋白的食物，我的肠道也已经习惯了这种“味道”，所以现在在中国还是不太习惯，因为我的很多中国朋友都喜欢吃面食，跟他们吃饭时，我的肠道就会“抗议”。总之对我来说，“妈妈的味道”既是儿时的记忆，也表示肠道菌群的需求，或者说是与我原来的饮食习惯有关。</td></tr>
<tr><td></td><td>记录：</td></tr>
<tr><td colspan="2">概括：</td></tr>
</table>

本单元学习评估：复习所学，及时总结

使用康奈尔笔记法有效地记笔记，并定期复习，提高学习效率。

（记下关键词、重点句和问题）	（记录授课内容）

（写下对本单元所学的反思以及对重要问题的回答）

学术场景Ⅲ：文献信息检索

学习目标

- 了解文献信息检索的基本流程
- 掌握文献信息检索的基本方法
- 提升文献信息检索的综合实践能力

技能训练

- 训练一：简单检索和高级检索
- 训练二：常用文献检索方法
- 训练三：撰写文献检索报告

热身

小组活动

下面是中国人常用的一些信息检索工具 / 数据库，你用过哪些？它们可以分为几类？请和小组成员一起查找相关信息，并完成表格。

中国知网	万方	维普	读秀
百度	搜狗	大众点评	超星
小红书	抖音	去哪儿	360 搜索

序号	检索工具	分类标准	你们国家同种类的信息检索工具 / 数据库
1	中国知网、……		
2			

续表

序号	检索工具	分类标准	你们国家同种类的信息检索工具 / 数据库
3			
4			
5			

线上小课堂 05-06-01

学习慕课《通用学术汉语 · CNKI 怎么用?》，了解利用中文信息数据库进行简单检索和高级检索的方法。

了解“简单检索”和“高级检索”的有关知识

中国国内具有代表性的中文文献全文数据库有中国知网、维普、万方等。

利用数据库进行学术文献检索的方法可以分为简单检索和高级检索两种。简单检索通常只需直接输入检索词进行单项条件检索，而高级检索需要通过多个检索条件之间的逻辑匹配来进行检索，因此相较于简单检索查准率更高。

高级检索要用到“布尔逻辑运算符”，它可以代表多个检索词之间的逻辑关系，分别用“与”“AND”、“或”“OR”、“非”“NOT”来表示。如下列三张图：“并含”与“与”相同，是同时满足 A 和 B 的那个部分；“或含”与“或”相同，表示只要满足条件 A 或者 B，就是我们需要的检索结果；“不含”与“非”相同，是条件 A 排除 B 的部分。

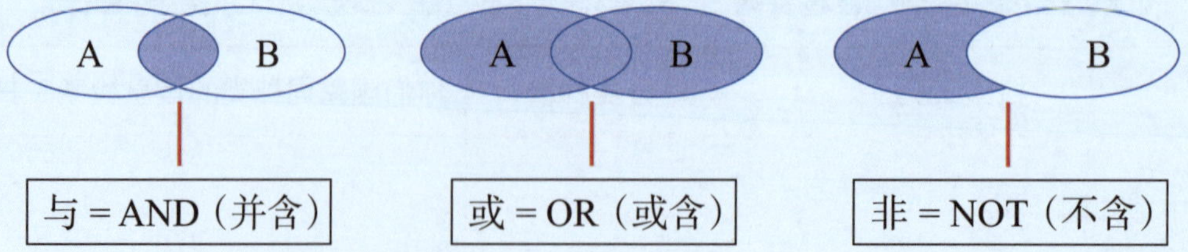

训练一：简单检索和高级检索

学习提示：下面是几个留学生在中国生活和学习中遇到的难题，结合“线上小课堂”，并参考“热身”活动中的检索工具给出你的建议，说明理由。

<table>
<tr><td rowspan="2">
木兰、一年级、
汉语言（留）专业</td><td>我参加了一个学生环保社团，第一个任务就是要掌握当地生活垃圾的分类方法，要去哪儿查相关信息呢？</td></tr>
<tr><td>检索工具：
简单检索 / 高级检索：
理由：</td></tr>
<tr><td rowspan="2">
山本、二年级、
金融学专业</td><td>“中国概况”课老师要求我们写文献（读书）报告，给了我们好几个论文名，我都不知道到哪里下载呢！</td></tr>
<tr><td>检索工具：
简单检索 / 高级检索：
理由：</td></tr>
<tr><td rowspan="2">
马克、一年级、电气
工程及其自动化专业</td><td>这次课堂报告，我们小组想给大家介绍“中国神舟系列飞船发展历史”，可是这些信息要到哪里检索呢？</td></tr>
<tr><td>检索工具：
简单检索 / 高级检索：
理由：</td></tr>
</table>

线上小课堂 ▶ 05-06-02

学习慕课《通用学术汉语·CNKI 怎么用？》，掌握常用的几种信息检索方法。

常用信息检索方法

信息检索方法主要分为直接法、追溯法和综合法等。

✓ 直接法是直接通过检索系统检索文献信息的方法，又分为顺查法、逆查法、抽查法。顺查法是说，从课题起始年代开始，由远到近检索文献信息的方法，常用于检索某个课题的系统文献。逆查法是逆时检索文献信息的方法，从最新、最近的文献开始收集，直到满足检索需求，常用于检索最新最近的文献。抽查法是选择某一时间段进行重点检索，这个时间段是某一个课题研究频率最高的时期，常用于重点检索某一课题成果最多时期的文献信息。

✓ 追溯法以文献后面的参考文献为线索，不断追溯、跟踪、查找文献信息。常用于开创性课题的文献信息检索。优点是在文献线索很少、检索工具不全的情况下，能够快速找到相关性强的文献；缺点是易漏查，误差率较高。追溯法不是以检索工具为线索，而是以原文参考文献为线索，因此这样的方法除了有利于扩大检索范围以外，还会对你深入了解论文的主题背景和理论依据有较大的帮助。

✓ 综合法是将直接法和追溯法相结合的方法，也就是交替运用检索系统和原文献后面的参考文献进行检索的方法。

训练二：常用文献检索方法

学习提示：信息检索要在明确具体检索目的的基础上，选用合适的检索工具和检索方法进行。在下列情况下，你建议使用哪些文献检索的方法呢？为什么？

<table>
<tr><td rowspan="2">
李白、二年级、计算机科学与技术专业</td><td>老师给了我们一个检索作业，检索“近 20 年来人工智能技术在医学领域中的应用现状”相关的中文论文。这属于学术文献的检索，所以我决定用中国知网，可是要用什么检索方法呢？检索词要怎么拆分？</td></tr>
<tr><td>检索工具：中国知网
检索方法：
检索词：

理由：</td></tr>
<tr><td rowspan="2">
山本、二年级、金融学专业</td><td>老师让我们比较 2 ～ 3 个学科领域对“生命”的不同定义。他就给我们提供了一本书，接下来我要怎么办呢？
参考文献：
埃尔温·薛定谔 . 生命是什么 [M]. 麦穗，译 . 北京：中国商业出版社，2020.</td></tr>
<tr><td>检索工具：读秀
检索方法：
检索词：

理由：</td></tr>
</table>

线上小课堂 05-06-03

学习慕课《通用学术汉语·CNKI 怎么用？》，了解完整的文献检索流程和步骤。

文献检索流程和步骤

一个完整的文献检索流程基本上分为以下几个步骤：

1. 首先要分析检索课题，明确检索需求；
2. 根据具体需要选择相应的检索工具和方法；
3. 获取需要的文献信息，并对文献信息进行筛选和整理，初步获得一次信息线索；
4. 进一步对课题进行分析，根据需求重复以上步骤。

衡量检索效果有两个比较重要的指标，即查全率和查准率。

提高查全率的方法有：

1. 扩大课题检索的目标；
2. 扩大检索途径的范围；
3. 取消不利于查全率的限定条件；
4. 擅用相关词、近义词；
5. 扩大算符的检索范围等。

提高查准率的方法有：

1. 检索词要专业、精确；
2. 选择专业数据库；
3. 缩小检索途径的范围；
4. 增加限定条件；
5. 缩小算符的检索范围。

训练三：撰写文献检索报告

学习提示：文献检索并不是一次就能完成的工作，它是一个不断试错的过程。为了完成下面的检索报告，请先认真阅读并分析检索要求，根据文献检索的基本步骤，尝试多次检索，直至达到相关检索要求。

<table>
<tr><td>综合任务：撰写一篇检索报告。
检索要求：检索“无人驾驶汽车”技术风险方面的文献 10 篇，要求相关度高。</td></tr>
<tr><td align="center">检索报告</td></tr>
<tr><td>检索目的：
所用数据库：
一次检索（检索策略、检索结果、检索分析）：

二次检索（检索策略、检索结果、检索分析）：

……</td></tr>
</table>

本课学习评估：复习所学，及时总结

使用康奈尔笔记法有效地记笔记，并定期复习，提高学习效率。

（记下关键词、重点句和问题）	（记录授课内容）
（写下对本课所学的反思以及对重要问题的回答）	

第六单元

绿色出行

科学是永无止境的，它是一个永恒之谜。

——阿尔伯特·爱因斯坦

Science is always on its way, and it is an eternal mystery.

—Albert Einstein

学习目标

学术技能：图表

- 了解基础的图表类型。
- 选用合适的图表形式，用图表说话。
- 了解并运用复合图表。

语言技能

- **听**：听懂相关数据表达，了解图表展示内容。
- **说**：选用不同类型的图表进行数据分析和比较。
- **读**：通过分析图表，理解其包含的信息和趋势。
- **写**：掌握针对不同类型图表的句式表达和写作方法。

热身

小组讨论： 图表能将数据可视化，帮助我们更直观地呈现数据，使数据对比和变化一目了然，在专业学习中被广泛运用。以小组为单位，比一比，看看哪个小组说出的图表类型最多，并能根据所列内容选用合适的图表。

序号	选用图表类型	具体内容
第一个		高三学生 10 个月的月考成绩
第二个		支付宝 2024 年一年的花费，有餐饮费、电费、水费、话费、出行费、服装费等
第三个		某电视台一档娱乐节目，有 30 位女艺人参加，第一次公演后她们的排名情况

课文一　什么是“无人驾驶”？

生词表　06-01-01

1. 无所不能	wú suǒ bù néng	be capable of doing everything
2. 神奇	shénqí	magical
3. 扫描仪	sǎomiáoyí	scanner
4. 装备	zhuāngbèi	equipment
5. 科幻	kēhuàn	science fiction
6. 惊人	jīngrén	amazing; surprising
7. 集	jí	integrate; assemble
8. 控制	kòngzhì	control
9. 识别	shíbié	recognize; identify
10. 干预	gānyù	intervene

专有名词

《霹雳游侠》	《Pīlì Yóuxiá》	*Knight Rider*, an American film

词语练习：选择合适的词语完成句子

扫描仪　科幻　识别　干预　无所不能

1. 我们的车中途坏了，就连我________的爸爸也没办法了。
2. 我家孩子特别喜欢看________电影。
3. 近年来，不少银行引入人脸________技术，市场开始进入“刷脸”时代。
4. 听说有的国家的机场用全身________进行安检，不知对身体是否有影响？
5. 这是需要他自己面对的问题，请父母不要过多________。

学习提示：　06-01-02

我们将听到一段跟无人驾驶汽车概念及划分等级标准有关的短文，请注意其中数据信息的表达。

理解与练习

一、听第一遍录音，判断下列信息是否正确

1. Kitt 是现实世界中无所不能的无人驾驶汽车。(　　)

2. SAE 的标准将自动驾驶划分为 L0 ～ L5 五个等级。(　　)

3. 百度的 Apollo 汽车、甲骨文的 Waymo、通用汽车的 Cruise 都属于 L4 级别的无人驾驶汽车。(　　)

4. 按照 SAE 的等级划分，L5 阶段才算是真正意义上的无人驾驶。(　　)

二、听第二遍录音，运用所给关键词给“无人驾驶汽车”下定义

关键词：计算机系统、模式识别、智能控制

____

____

三、按照课文中美国汽车工程师学会的标准填写表格

序号	汽车类型	基本信息	等级
1	传统汽车		L0 级
2	特斯拉的 Autopilot	部分自动驾驶，有高级辅助系统	
3	百度的 Apollo 汽车		
4	甲骨文的 Waymo 汽车	高度自动化，人类驾驶者不一定需要对所有的系统请求做出应答	

交流与实践

四、拓展实践

请设计一个有关无人驾驶汽车的访谈调研提纲。

采访对象：同学、老师、朋友、家人等。

采访内容：安全性能、交通规则、购买意愿、法律责任、未来发展等方面。

线上小课堂 06-01-01

学习慕课《通用学术汉语 · 我的支付宝年账单出炉了！》，了解图表的基本知识。

图表的作用和类型

图表能够对统计信息的属性（包括数量性和时间性）进行直观的展示，对信息和知识的挖掘与分析能够起到非常重要的作用。

图表的重要性：数据可以借助图形化手段，清晰有效地表达信息、沟通信息，让我们能够更加直观、清晰地了解数据的特点。

对于学生而言，可通过图表，利用数据可视化手段进行专业学习、做学术研究、探求更多未知领域。制作图表是大学生在大学阶段必学的技能之一。

图表类型多达 20 余种，最基本、最常用、最实用的图表类型有饼图、条形图、柱形图、折线图、散点图等。

不同图表类型的定义：

✓饼图：用圆形及圆内扇形的角度来表示数值大小的图表类型，它主要用于表示一个样本（或总体）中各组成部分的数据占全部数据的比例。

✓条形图：用横置的宽度相同条形的长短来表示数据多少的图表类型。

✓柱形图：用纵置的宽度相同条形的高度来表示数据多少的图表类型。

✓折线图：显示随时间而变化的连续数据，适用于显示在相等时间间隔下数据变化的趋势。

✓散点图：数据点在直角坐标系平面上的分布图，表示因变量随自变量变化而变化的大致趋势。

课文二 NavLab 系列智能车

生词表 06-02-01

1. 传感	chuángǎn	sensing
2. 突破	tūpò	make a breakthrough
3. 显著	xiǎnzhù	remarkable
4. 原型	yuánxíng	prototype
5. 神经网络	shénjīng wǎngluò	neural network
6. 借鉴	jièjiàn	use for reference; draw from
7. 节奏	jiézòu	rhythm
8. 遥控	yáokòng	remote control
9. 测试	cèshì	test

专有名词

1. 卡耐基梅隆大学	Kǎnàijī Méilóng Dàxué	Carnegie Mellon University
2. 斯坦福大学	Sītǎnfú Dàxué	Stanford University
3. 麻省理工学院	Máshěng Lǐgōng Xuéyuàn	Massachusetts Institute of Technology
4. 慕尼黑联邦国防军大学	Mùníhēi Liánbāng Guófángjūn Dàxué	Bundeswehr University Munich
5. 帕尔玛大学	Pà'ěrmǎ Dàxué	University of Parma
6. 哈尔滨工业大学	Hā'ěrbīn Gōngyè Dàxué	Harbin Institute of Technology
7. 沈阳自动化研究所	Shěnyáng Zìdònghuà Yánjiūsuǒ	Shenyang Institute of Automation
8. 国防科技大学	Guófáng Kējì Dàxué	National University of Defense Technology
9. 北京理工大学	Běijīng Lǐgōng Dàxué	Beijing Institute of Technology

词语练习：选择合适的词语完成句子

显著　原型　突破　借鉴　节奏

1. 经过一年的学习，他现在的汉语水平有了________进步。
2. 我们研究项目需要________前人的研究成果。
3. 这部动画片的主角是以《西游记》里的孙悟空为________的。
4. 心脏病治疗取得了令人兴奋的新________。
5. 她在钢琴上奏出明快的________，令人陶醉！

学习提示：

06-02-02

我们将阅读一段跟 NavLab 系列智能车有关的短文，请注意文中数据信息的表达。

20 世纪 80 到 90 年代，随着计算机、机器人控制和传感等技术的突破，无人驾驶技术进入快速发展的阶段。这一时期的显著特点是政府、大学、汽车公司之间展开了广泛合作，像美国著名的高校卡耐基梅隆大学、斯坦福大学、麻省理工学院等都先后加入无人驾驶汽车的研究工作。有了这些强大科研力量的支持，人们成功研发出了多辆自动驾驶汽车原型。它们主要使用视觉方法感知周围环境，依靠计算机对图片等信息的处理、分析以生成控制汽车的命令。在这些合作的成果中，最具代表性的要数美国卡耐基梅隆大学的 NavLab 系列、德国慕尼黑联邦国防军大学的 VaMoRs-P 系列和意大利帕尔玛大学视觉实验室（VisLab）的 ARGO 项目。其中，美国卡耐基梅隆大学研制的 NavLab 系列智能车辆基于神经网络实现了对道路结构的分析，有了很大的突破。它的 NavLab-1、NavLab-5 和 NavLab-11 系统，研发的时间跨度有十多年，驾驶速度分别为 28.0 km/h、88.5 km/h 和 102.0 km/h，系列产品的每一次升级都有明显的技术进步，其研究成果对现在的无人驾驶技术有着非常大的借鉴意义。

和全球无人驾驶汽车的发展节奏相近，20 世纪 80 年代，中国无人驾驶的技术研发正式启动，中国立项了"遥控驾驶的防核化侦察车"项目，哈尔滨工业大学、沈阳自动化研究所和国防科技大学三家单位参与了该项目的研究制造。

"八五"期间（1991—1995），北京理工大学、国防科技大学等五家单位联合，成功研发了 ATB-1 无人车，这是中国第一辆能够自主行驶的测试样车，其行驶速度可以达到 21.0 km/h。ATB-1 的诞生标志着中国无人驾驶行业正式起步并进入探索期。

选自《聊聊无人驾驶汽车的发展历史（二）——军方、大学和汽车公司合作研究》，作者：AI 未来。有删改。

理解与练习

一、根据所给关键词语和句式复述课文

1. 20 世纪 80 到 90 年代的无人驾驶技术发展情况。

随着　突破　阶段　显著特点　像……

2. 介绍 NavLab 系列智能车。

基于　时间跨度　明显　对……有借鉴意义

3. “八五”期间中国无人驾驶技术的研发情况。

成功　达到　标志着……进入探索期

二、根据卡耐基梅隆大学研制 NavLab 系列智能车的情况制作了三张数据图，说说选用哪一张图更加合适。理由是什么？

柱形图

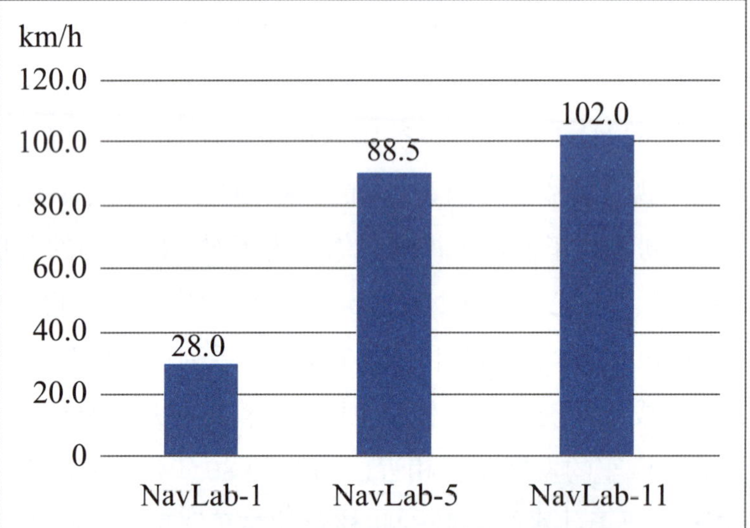

NavLab 系列改进版本与速度对应图

折线图

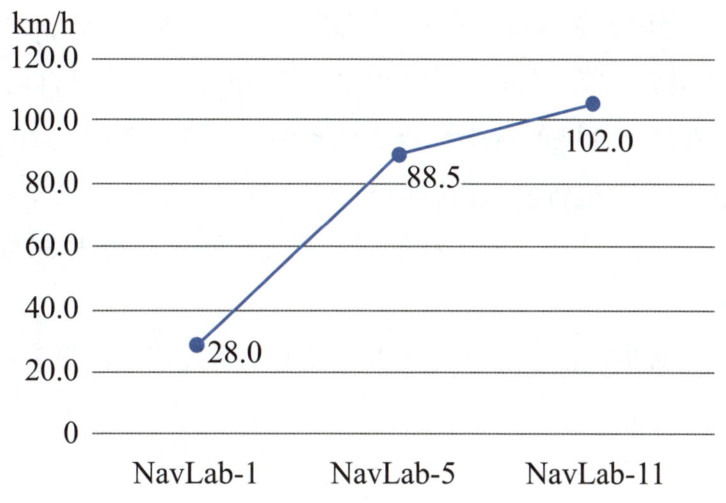

NavLab 系列改进版本与速度对应图

饼图

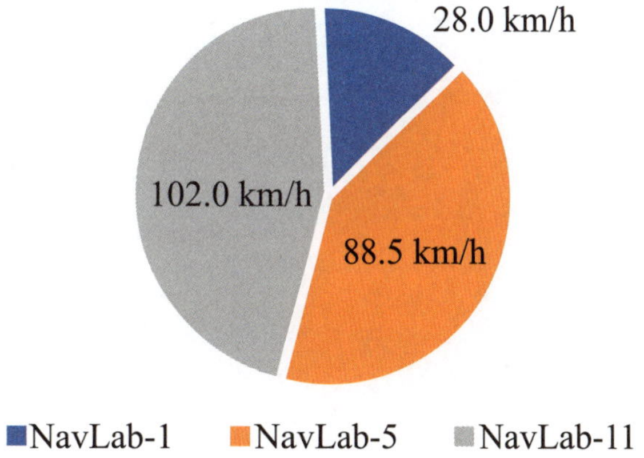

NavLab 系列改进版本与速度对应图

交流与实践

三、针对下面两个项目，试着设计一个表格，并进行口头阐述

项目一：美国卡耐基梅隆大学 NavLab 系列智能车。

项目二：中国北京理工大学等 ATB-1 无人车。

比较的主要内容：研究时间、研究单位、行驶速度、设计目的等。

四、拓展实践

从 2024 年开始，全球无人驾驶汽车技术革新上了一个新的台阶，端到端系统在信息处理和决策效率上优势明显，能更好应对复杂的城市交通环境，提升自动驾驶的实用性和安全性，消费者对 L4 级自动驾驶的接受程度大大提高。根据《2021—2027 年中国自动驾驶市场全景调研与投资可行性报告》，自动驾驶接受程度最高的国家是中国，比例高达 43%，其次是美国（39%），英国、法国、意大利的接受程度也不低，都为 34%，相比较而言，德国略低，比例为 26%。

用图表来表达这段报道的内容，并对无人驾驶的未来发展趋势发表各自的看法。

课文三 绿色出行

生词表 06-03-01

1. 赢得	yíngdé	gain; win
2. 一席之地	yīxízhīdì	place; niche
3. 自豪	zìháo	proud
4. 便利	biànlì	convenient
5. 迈入	màirù	stride into
6. 运营	yùnyíng	operate
7. 覆盖	fùgài	cover
8. 换乘	huànchéng	transfer
9. 临时	línshí	temporary
10. 谨慎	jǐnshèn	cautious
11. 反馈	fǎnkuì	feedback
12. 收获	shōuhuò	gain
13. 欣慰	xīnwèi	gratified
14. 体验	tǐyàn	experience

专有名词

Apollo GO	a Baidu driverless car

词语练习：选择合适的词语完成句子

反馈　迈入　换乘　覆盖　欣慰　临时　赢得

1. 21 世纪，人类社会逐渐________信息时代，信息的重要性日益突显。
2. 看到所有学生都获得了 HSK 六级证书，作为老师我感到很________。
3. 南极洲的表面________着厚厚的冰雪。
4. 这位著名钢琴家的演奏会因为突发状况________取消了。
5. 王老师经常从学生的________中吸收营养，来改进自己的教学方法。
6. 这次比赛，所有学生一起努力，最终________了胜利。
7. 下一站就是南山站了，乘客可以________2 号线或 4 号线。

学习提示： 06-03-02

通过课文，了解如何运用合适的图表，来展示百度 Apollo GO 在无人驾驶领域体现的中国新科技力量。

AI 技术的发展不仅带动了中国社会经济的前进，更让中国在 AI 领域的国际舞台上赢得了一席之地，提升了国民的民族自豪感和自信心。在这条令人振奋的中国经济快车道上，百度世界大会 2020 用全无人驾驶揭开未来无人驾驶时代的一角。此次北京 Apollo GO 服务在百度地图 APP 的更新，让更多人享受到了无人车的便利。百度 Apollo 正将中国迈入自动驾驶时代的“进度条”不断向前推进。运营报告数据显示，Apollo GO 覆盖了各地用户全出行场景：比如地铁与公交车之间的换乘、临时起意的外出，以及去公园、商场等地的日常出行。都是谁在使用 Apollo GO 呢？百度大数据显示，Apollo GO 的男性用户占比 76.7%，显然在使用无人驾驶汽车的用户群体中女性比例较低，出于安全考虑，女性对无人驾驶汽车使用的态度也更趋谨慎。从学历层次上看，具有本科及以上的高学历用户占 74.3%。从年龄分布上看，完整地覆盖 18～60 岁的用户，其中最大比例集中在 25～34 岁的年轻人，他们更愿意接受挑战，也更能接受新生事物；45 岁及以上的用户仍属小众。大多数用户来自 IT 通信电子、教育和医药卫生行业，占比分别为 38.8%、15.8% 和 9.2%。用户们的反馈会帮助 Apollo GO 越来越好，95% 的用户为 Apollo GO 打出了五星好评，整体满意度高达 4.92 分，主要指标也都收获了 93% 及以上的好评率。通过调研，我们十分欣慰地看到，几乎所有体验过 Apollo GO 的用户都越发相信“科技让生活更美好”。

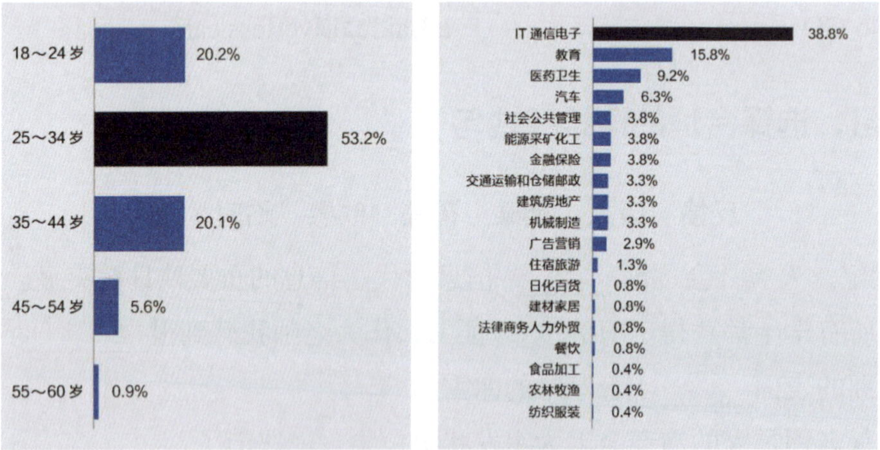

Apollo GO 多城用户画像合集[①]

选自《奔赴无人之境：Apollo GO 2020 运营报告》，作者：优文库。有删改。

① 来自百度地图《2020 年度中国城市交通报告》。

理解与练习

一、根据课文，判断下列信息是否正确

1. 百度大数据显示，Apollo GO 男性用户占比跟女性用户占比差别不大。(　　)
2. Apollo GO 大多数用户来自 IT 通信电子、教育和医药卫生行业。(　　)
3. 根据运营报告，10 ～ 24 岁这个年龄段最喜欢使用 Apollo GO。(　　)
4. 体验过 Apollo GO 的用户都不太满意。(　　)
5. 食品加工、纺织服装和广告营销的用户占比最低。(　　)

二、参考以下句式复述课文中 Apollo GO 的相关数据内容

……显示　占比为……　女性比例……　百分之……的用户为……

____

____

____

____

____

____

____

____

三、根据课文，补充表格

序号	项目	数据
1		76.7%
2		74.3%
3		95%
4		4.92 分

交流与实践

四、拓展实践

全球汽车智能化趋势越来越明显，近几年，中国新能源汽车呈现爆发式增长，新能源乘用车销量增长很快。其中，智能电动汽车（Smart Electric Vehicle，简称 SEV）销量增长速度最快。根据以下数据制作合适的图表。

2022 年智能电动汽车 SEV 品牌销量榜
（数据来源：上险量、易车、亿欧数据）

序号	品牌	2022 年销（辆）	同比
1	比亚迪（新能源）	1,574,613	221.4%
2	特斯拉（中国）	441,675	41.7%
3	埃安	213,539	75.1%
4	合众汽车	145,640	128.1%
5	理想汽车	135,247	48.2%
6	蔚来	120,381	24.7%
7	零跑汽车	120,128	32.2%
8	小鹏汽车	108,721	148.4%

课文四 Robotaxi 来了!

生词表 06-04-01

1. 灵活	línghuó	flexible
2. 呼吁	hūyù	appeal
3. 交互	jiāohù	interact
4. 内饰	nèishì	interior decoration
5. 迫切	pòqiè	urgent
6. 潜在需求	qiánzài xūqiú	potential demand
7. 激发	jīfā	inspire
8. 挖掘	wājué	excavate; dig
9. 意愿	yìyuàn	desire; wish
10. 毫无	háo wú	have not the least bit
11. 障碍	zhàng'ài	obstacle; barrier
12. 舒适	shūshì	comfortable

专有名词

文远知行	Wényuǎnzhīxíng	WeRide

词语练习：选择合适的词语完成句子

迫切　呼吁　挖掘　障碍　灵活　意愿

1. 社区________每家每户都要节约用水。
2. 地震灾区对食品和水的需要很________。
3. 她父亲的反对是他们目前唯一的________。
4. 妈妈的双手随着年龄增长已经不太________了。
5. 做父母的要尊重子女的________，千万不要强迫子女听从自己的想法。
6. 我觉得你的潜力还没有充分________出来，继续加油!

学习提示：

06-04-02

通过图表了解更多有关无人驾驶汽车的信息。

2019年11月26日，文远知行与清华大学交通研究所共同发布中国首份Robotaxi乘客调研报告，这份报告公布了文远知行运营一周年成绩单。在这份报告中，文远知行Robotaxi乘客期望自动驾驶出行服务能在更大范围内推广，让出行更加灵活方便。其中，有89%的乘客呼吁服务范围拓展到更多区域，希望可以不固定上下车点的乘客占77%。而相比之下，乘客对于优化自动驾驶打车APP、车内交互、车辆外观内饰等方面的迫切度相对较低，占比分别为33%、33%和25%。乘客对自动驾驶智能化服务的潜在需求还没有被激发出来，无人驾驶汽车这个充满想象力的第三空间的巨大市场机会还有待挖掘。

乘坐Robotaxi用户的体验调查

文远知行Robotaxi带来的出行体验和自动驾驶技术的实用化已经开始影响部分人购买私家车的意愿。调研显示，未来随着自动驾驶技术的普及，超过两成的受访乘客表示“非常可能”减少或不购买私家车。在拥有一辆及以上私家车的Robotaxi乘客中，有46%表示可能减少一辆私家车；而在没有私家车的乘客中，有43%表示可能不会购买私家车。

数据显示，有37%的受访乘客对接受全无人驾驶出行毫无障碍，表示“现在就可以”乘坐全无人Robotaxi。其他乘客则认为全无人驾驶的Robotaxi的实际运行尚需时日，有39%认为要安全测试一年，19%认为全无人驾驶安全测试三年后才可以乘坐。

文远知行是国内最先向公众开放自动驾驶出行服务的企业，这份调研报告中的数据给大众、政府、行业以信心，公司在未来三到四年内还将推出全无人驾驶出租服务，用技术改变人类出行，让人类的出行更安全、经济、方便、舒适。

选自《中国首份 Robotaxi 报告：传统出行工具正被替代 37% 乘客接受无人车》，
作者：AutoR 智驾。有删改。

理解与练习

一、根据课文，选择正确答案

1. 关于文远知行，下列说法正确的是（　　）。
   A. 文远知行是无人驾驶汽车的名字
   B. 文远知行是一家运营自动驾驶出行的公司
   C. 文远知行的意思就是 Robotaxi，支持无人驾驶汽车开发
   D. 文远知行是清华大学成立的公司
2. 根据调研报告，乘客对优化以下哪个方面的迫切度相对较高？
   A. 优化自动驾驶打车 APP
   B. 车内交互
   C. 车辆外观内饰
   D. 不固定上下车点
3. 以下哪一项没有在文中提到？
   A. 无人驾驶汽车的法律障碍和立法问题
   B. 乘客对自动驾驶智能化服务的潜在需求是否被激发出来
   C. 无人驾驶汽车这个第三空间的巨大市场机会还有待挖掘
   D. 有 37% 的受访者完全接受乘坐无人驾驶汽车出行

二、根据首份 Robotaxi 报告，补充表格信息

序号	项目	数据
1		89%
2		77%
3		65%
4		33%
5		25%

交流与实践

三、拓展实践：根据课文内容，分小组讨论

1. 目前的无人驾驶汽车是否会影响人们购买普通私家车的意愿？

____

____

____

2. 无人驾驶汽车是否让乘客有足够的安全感？

____

____

____

3. 谈谈无人驾驶对未来的就业市场是否会有很大的冲击。

____

____

____

四、小组辩论

最近有个热门话题：“无人驾驶会成为未来汽车的标配吗？”各小组成员根据自己所持的观点分为正反两派，组成两个辩论小队，请各小队查找相关数据资料，归纳整理并撰写辩论词，进行小组辩论。

线上小课堂 06-04-01

学习慕课《通用学术汉语·我的支付宝年账单出炉了!》，了解“复合图表”的有关知识。

复合图表

我们经常能在一篇学术论文或调研报告中看到不同图表组合在一起使用，比如，一幅图同时显示折线图和柱形图。

很多时候，我们需要在一幅图中结合某两种或者某三种图，让读者能在最短时间内用一张复合图表获取更多的信息。

常见的复合图表有很多，例如：

✓柱折组合图：柱形图＋折线图。

✓双饼图：大饼图＋小饼图。

✓复合柱形图：柱形图＋柱形图。

✓复合饼图：饼图＋饼图。

课文五 未来，方向盘交给谁？

生词表 06-05-01

1. 方向盘	fāngxiàngpán	steering wheel
2. 保有量	bǎoyǒuliàng	holdings
3. 素质	sùzhì	quality
4. 参差不齐	cēncī bù qí	uneven
5. 淡薄	dànbó	weak
6. 救援	jiùyuán	rescue
7. 超速	chāosù	exceed the speed limit
8. 酒驾	jiǔjià	drink and drive; drive under the influence of alcohol
9. 疲劳	píláo	fatigue
10. 避免	bìmiǎn	avoid
11. 情绪化	qíngxùhuà	emotional
12. 机遇	jīyù	opportunity
13. 决策	juécè	make a decision
14. 精确	jīngquè	accurate; precise
15. 执行	zhíxíng	execute
16. 杜绝	dùjué	stop; put an end to
17. 传感器	chuángǎnqì	sensor
18. 协同	xiétóng	work in coordination; cooperate
19. 预先	yùxiān	beforehand
20. 规避	guībì	evade

专有名词

马斯克	Mǎsīkè	Elon Musk

词语练习：选择合适的词语完成句子

规避　淡薄　协同　杜绝　预先　精确　酒驾　情绪化　疲劳

1. 这个项目很大，需要各个部门________完成。

2. 他不是一个________的人，做事一向稳重。
3. 我们要做文明的人，________说脏话的不文明现象。
4. 参加合唱比赛要穿什么衣服，应该________通知大家。
5. 他工作了十多个小时，感觉很________，想马上回家休息。
6. 家庭需要理财，因为需要________家庭财务风险。
7. 在学术演讲时，语言________是很重要的。
8. 经常有人闯红灯，是因为交通安全意识________。
9. 每天晚上十点，这儿的交警都会查________，所以喝酒千万不要开车。

学习提示： 06-05-02

我们将在课文中学习如何运用复合图表展现无人驾驶汽车在现代科技中的更多应用。

随着社会的进步与经济的不断发展，中国汽车保有量不断增长。据公安部统计，2022 年全国汽车保有量达 4.17 亿辆，汽车驾驶人数高达 4.64 亿。汽车保有量虽然不断增长，可交通参与者的素质参差不齐，常出现不遵守交通法规、安全意识淡薄等问题。2016 年，每万车有 2.10 人死亡。随着交通道路的不断改善、人们安全意识的不断强化与道路救援能力的不断提升，相比 2016 年，2022 年交通事故万车死亡人数下降了 14.3%，不过每万车仍有 1.80 人死亡。而 80% 以上的交通事故死亡是驾驶者的主观因素造成的。其中排在前几位的是：无法识别危险、未按规定让行、超速、酒驾、违反交通信号灯、疲劳驾驶等。如果换成自动驾驶汽车，是否能够避免这些人为因素，从而减少交通事故数量呢？

2021 年 12 月 16 日，由中国汽车技术研究中心编制的《自动驾驶汽车交通安全白皮书》发布，白皮书通过系统分析对比人类驾驶和自动驾驶事故原因，认定人是交通安全中最不确定的因素。而自动驾驶汽车的智能感知能力和反应能力等技能由系统控制，不会出现情绪化因素。也许未来，我们人类真的可以把方向盘交给自动驾驶系统。

2021 年，在海南省召开了世界新能源汽车大会，会上马斯克在视频发言中表示："未来的自动驾驶可以通过视觉神经网络实现，相比普通人驾驶有十倍以上的安全性。"中国工程院外籍院士、清华大学智能产业研究院院长张亚勤则认为，自动驾驶的高安全性、高效率，让这个新兴产业迎来了前所未有的历史机遇。

无人驾驶汽车安全性更高的原因在于：首先，无人驾驶依靠全方位的感知系统、智能的决策系统和精确的执行系统，杜绝了人类驾驶中一些因主观因素造成的危险行为。其次，自动驾驶可通过多种传感器的融合和车路协同技术对周围环境进行全视角预先感知，可以提前规避风险，有效降低事故发生率。当然，无人驾驶也不是不会出现交通事故，还需要一个不断优化的过程，需要基于丰富的出行场景，不断在真实路段测试，才能优化数据，提升安全系数。

过去，自动驾驶也许只是一个梦想，不过随着技术的进步、新功能的诞生，未来，相信我们能把方向盘放心地交给它！

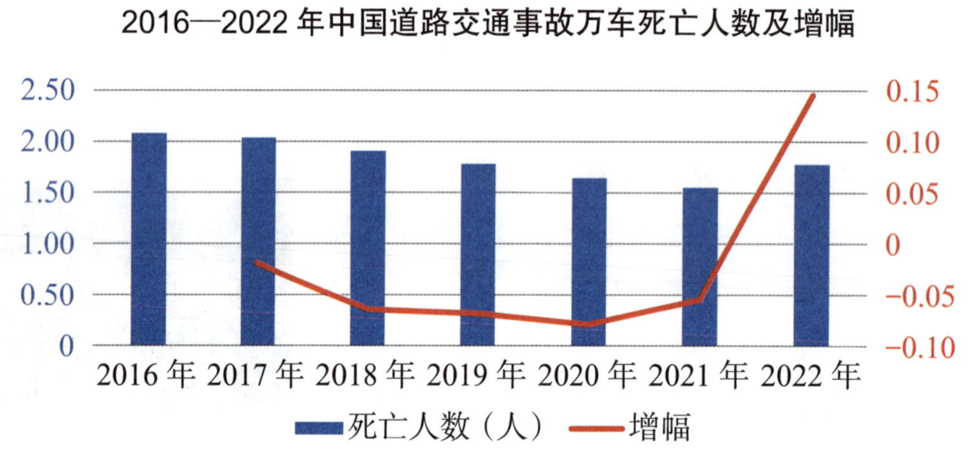

年份	2016 年	2017 年	2018 年	2019 年	2020 年	2021 年	2022 年
死亡人数	2.10	2.06	1.93	1.80	1.66	1.57	1.80
增幅	—	−1.90%	−6.30%	−6.70%	−7.80%	−5.40%	14.65%

理解与练习

一、根据课文，选择对画线部分解释正确的答案

1. 自动驾驶汽车的智能感知能力和反应能力等技能由系统控制，<u>不会出现情绪化因素</u>。
   A. 自动驾驶汽车不常出现情绪波动
   B. 驾驶者不会跟随自动驾驶汽车产生情绪波动
   C. 系统控制不仅仅是智能感知能力和反应能力，还有情绪化因素
   D. 因为智能感知能力和反应能力都由系统控制，所以非常稳定

2. 自动驾驶可通过多种传感器的融合和车路协同技术对周围环境进行全视角预先感知，可以提前规避风险。

A. 完全没有风险

B. 有一定的风险

C. 提前避免出现风险

D. 提前解决风险问题

二、根据以下内容，选择合适的图表类型制作图表

2021 年全球无人驾驶汽车的市场规模为 273 亿美元，到 2026 年增长会超一倍，达到 594 亿美元，年复合增长率为 16.84%。

预设 2021—2026 年的数据为：

年份	2021 年	2022 年	2023 年	2024 年	2025 年	2026 年
市场规模（亿美元）	273	314	376	470	512	594

交流与实践

三、小组讨论

根据中国商业情报网有关信息，2021 年中国民用无人机市场规模为 869.1 亿元，2023 年市场规模达 1174.3 亿元，增长 35%，预计 2025 年市场规模将达到 1691 亿元。民用无人机分为工业级和消费级两大方向。2023 年，工业级无人机的产业规模达 766.8 亿元，占比 65.3%。其中，农林植保领域占比 20.9%，地理测绘领域占比 30.2%，快递物流领域占比 17.2%，巡逻巡检领域占比 9.0%。

请根据以上数据，制作两张可视化图表，并搜索其他相关数据信息，讨论分析民用无人机市场发展现状及趋势。

四、拓展实践

请相同或相近专业领域的同学组合为一个调研小组，结合你的专业领域，选择合适的调研内容，设计一个简单的调查问卷。通过统计和分析，以简单的图表形式展示调研结果。

本单元学习评估：复习内容，及时总结

使用康奈尔笔记法有效地记笔记，并定期复习，提高学习效率。

（记下关键词、重点句和问题）	（记录授课内容）
（写下对本单元所学的反思以及对重要问题的回答）	

任务一：调查问卷设计与实施

学习提示：设计调查问卷需先明确调查目的和调查对象，并在此前提下充分考虑题目的数量，合理设计问卷。

跟专业相近的同学组成一组，选取与专业相关的某一个题目，设计一份小型问卷并实施调查（30份以上）。

1. 设计调查问卷

调查对象：
调查方式：
调查目的：
调查问卷题目设计（5～7题）： 关于____________________的调查问卷

2. 实施问卷调查

学习提示：收集问卷后思考一下，如果使用图表统计信息，你认为应该使用哪类图表？使用几张图表？为什么？

收集 30 份以上的有效问卷，并根据统计数据制作图表。

图表类型：饼图、条形图、柱形图、折线图、散点图

任务二：篇章写作训练

学习提示：结合“概括”和“图表”的有关内容，完成调研报告。

参照下面的“写作准备”，对本次专项写作所需要的相关技能、表达形式等，做必要的复习和整理。

写作准备：

制作图表、解读数据、概括内容

复习“概括”和“图表”的主要表达形式

通过以上的复习和整理，相信你已经对本次写作任务做了必要的准备。接下来，参照下面的“写作结构”，加入图表，把你的分析过程和分析结果整理出来，形成完整的表达，完成一篇调研报告。

写作结构：

第一部分
- 调查问卷的基本情况：调查目的、对象、问卷回收率等。

第二部分
- 图表概括：对数据进行说明和解释。

第三部分
- 总体概括：回应调查目的，进行原因分析，反思调查存在的问题和不足。

写作要求：

（1）根据调研内容，自拟题目。
（2）给出图表相关信息（例：图 1　被调查者信息），置于下方“图表”处。
（3）合理运用图表进行概括和分析，做到数据解释有理有据。
（4）语言表述客观、准确、流畅，尽量避免过于口语化的表达。
（5）不少于 500 个汉字。

题目：________________________

500

图表：

数据概括参考句式：

通过……可见；如图……所示；根据……；……表明（说明）；占……成；从……来看

总体概括参考句式：

由此可见……；总的来说……；总而言之……；与……相符（不符）

本课学习评估：复习所学，及时总结

使用康奈尔笔记法有效地记笔记，并定期复习，提高学习效率。

（记下关键词、重点句和问题）	（记录授课内容）

（写下对本课所学的反思以及对重要问题的回答）

第七单元

打败负面情绪

不以物喜，不以己悲。

——范仲淹

Not pleased by external gains, not saddened by personal losses.

—Fan Zhongyan

学习目标

复习学术技能

- 下定义：运用简洁定义和扩展定义下定义的技能。
- 分类：运用本质分类法进行有效分类的技能。
- 提问：运用判断型、检验型、程序型等提问类型进行有效提问的技能。
- 举例子：运用事例进行合理论证的技能。
- 概括：运用找关键句、语言转化及补充信息等方法迅速概括一段话的技能。
- 图表：描述及制作饼图、条形图、柱形图、折线图等的技能。

复习语言技能

熟练运用下定义、分类、提问、举例子、概括的常用表达形式，熟练运用图表。

热身

小组讨论：我们在日常生活中总会因为各种各样的事情而产生不同的情绪，跟小组成员讨论，列举我们有哪些情绪。

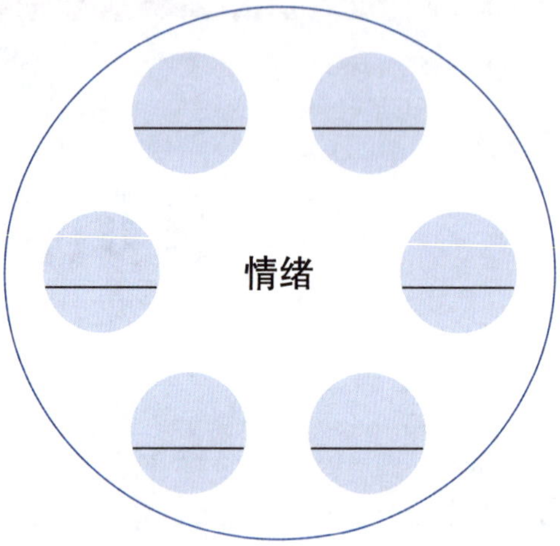

以上的种种情绪可以按照哪些标准进行分类？与小组成员合作，讨论出最恰当的分类标准，并依据这个分类标准给以上情绪分类。

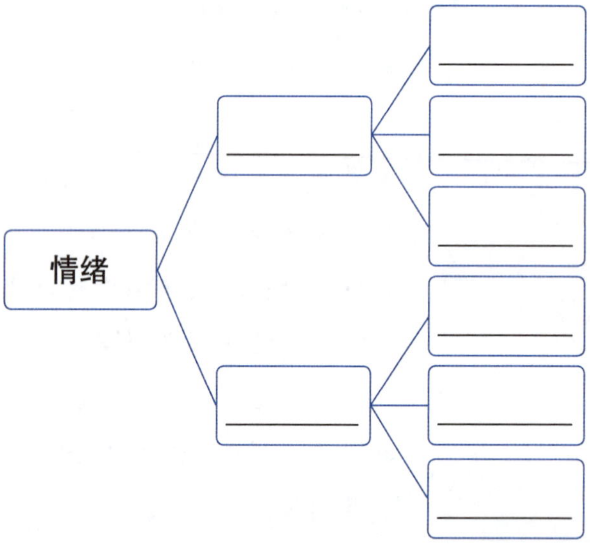

课文一 打败负面情绪

生词表 07-01-01

1. 检验	jiǎnyàn	test; examine
2. 开启	kāiqǐ	open
3. 不妨	bùfáng	might as well
4. 聚焦	jùjiāo	focus; concentrate
5. 顺畅	shùnchàng	smooth
6. 善意	shànyì	goodwill; kindness
7. 长此以往	cháng cǐ yǐwǎng	if things continue this way
8. 联结	liánjié	bind; tie

词语练习：选择合适的词语完成句子

检验　开启　聚焦　顺畅　不妨　长此以往

1. 受互联网普及和年轻消费群体影响，越来越多的“银发族”________了网购之旅。
2. 这些作品________时代精神和现实生活，不断满足着大众精神文化生活的新期待。
3. 北京西站通过爱心服务队、24 小时警务巡逻等措施，保障旅客出行________。
4. 这次比赛是对全队 83 名运动员过去几个月训练成果的全面________。
5. 这个问题如果不及时解决，________，会带来更多负面影响。
6. 阳春三月，________多亲近自然，可以缓解压力，让心情保持舒畅。

学习提示： 07-01-02

通过提出恰当的问题，寻找解决冲突带来的负面情绪问题的方法。

人际交往中的矛盾和冲突不可避免，但这是否会带来伤害则取决于我们处理由矛盾和冲突带来的负面情绪时的行为模式。面对冲突带来的负面情绪，我们可以通过回答以下几个问题寻找解决它的真正的答案。

我现在感受到的情绪是怎样的？通过这个问题来探索我们的情绪结果，到底是愤怒、害怕、恐惧，还是悲伤。

我是怎么看待这件事的？此问题用于探索我们对事件的认知。

事情的真相与我想的一样吗？这个问题可以检验我们对事件的理解是否正确。

除了我现有的这种解释，会不会还有其他的可能？这一步很关键，它是开启探索自我、探索真相的第一步，存在其他可能，才更容易开启与对方的交流和沟通。

对方是怎么看待这件事的？通过该问题探索对方对事件的认知与理解。

对方是不是对我所说的话产生了误解？提出这个问题是因为只有找到冲突的源头，处理好情绪，才能更好地解决问题。

当你和他人就某件事产生矛盾时，不妨通过以上问题去探索和了解自己及对方的想法。当你能够看到你们彼此的情绪及其背后的原因时，你们的交流就能重新聚焦问题本身，沟通也会更加顺畅、有效。

总而言之，面对消极情绪和人际冲突，我们需要怀着善意去理解彼此情绪背后的原因。如此，我们不仅能更加清楚地认识自己、了解彼此的情绪，也能采取更加积极的沟通模式。长此以往，消极情绪和人际冲突反而可能带来彼此间更深入的理解和联结。

选自《聊得好好的，怎么就吵起来了？》，作者：科普中国。有删改。

理解与练习

一、根据课文，判断下列信息是否正确

1. 人际交往中的冲突可以避免，从而也避免了由其带来的伤害。(　　)

2. 通过提出“我”如何看待这件事以及对方如何看待这件事的问题，可以了解不同的人对事物的认知。(　　)

3. 了解冲突中的自己与对方对矛盾的看法，才能更有效地解决冲突。(　　)

4. 人际冲突有可能帮助冲突双方加深对彼此的理解。(　　)

二、根据课文，我们在面对冲突带来的负面情绪时，可以通过提出哪些问题来梳理和解决负面情绪？每一个问题对应的目的是什么？

问题 1：________________	提出问题 1 的目的：________________
问题 2：________________	提出问题 2 的目的：________________
问题 3：________________	提出问题 3 的目的：________________
问题 4：________________	提出问题 4 的目的：________________
问题 5：________________	提出问题 5 的目的：________________
问题 6：________________	提出问题 6 的目的：________________

交流与实践

三、讨论：在你的学习和生活中，是否也曾与他人发生过冲突？请以其中一次人际冲突的经历为例，结合练习二中的六个问题对冲突进行分析

问题 1：________________	提出问题 1 的目的及答案：________________
问题 2：________________	提出问题 2 的目的及答案：________________
问题 3：________________	提出问题 3 的目的及答案：________________
问题 4：________________	提出问题 4 的目的及答案：________________
问题 5：________________	提出问题 5 的目的及答案：________________
问题 6：________________	提出问题 6 的目的及答案：________________

课文二　痛在你身，疼在我心

生词表　07-02-01

1. 痛彻心扉	tòng chè xīnfēi	feel deep pain or bitterness
2. 共情	gòngqíng	empathy
3. 评估	pínggū	estimate; assess
4. 换位思考	huànwèi sīkǎo	put yourself in someone's shoes
5. 感同身受	gǎntóngshēnshòu	feel as though one experienced sth. in person
6. 表征	biǎozhēng	representation
7. 模型	móxíng	model
8. 镜像神经元	jìngxiàng shénjīngyuán	mirror neuron
9. 不由自主	bùyóuzìzhǔ	cannot help but
10. 激活	jīhuó	activate
11. 换言之	huànyánzhī	in other words
12. 利他	lìtā	be altruistic

词语练习：选择合适的词语完成句子

痛彻心扉　共情　感同身受　评估　表征　不由自主　利他　换言之

1. 厦门在垃圾分类体制建设、分类投放等方面的________中均得到满分。
2. 心理疾病的外在________包括情绪波动大、社交障碍以及生活习惯的显著改变。
3. 这部作品的艺术表达用心、用力，赢得了广大观众的________。
4. 他长期默默地投身于公益事业，具有无私奉献、________的精神。
5. 我们经历过危机，因此对他们遭遇到的困难________。
6. 这场灾难给他家庭带来的巨大伤害令他________。
7. 小王性格腼腆，跟陌生人讲话时，总会________地紧张。
8. 如何提高城市交通的顺畅性？________，如何减少交通拥堵，这是目前的核心问题。

学习提示： 07-02-02

我们为什么能对他人的情绪感同身受？大脑的镜像机制给出了答案。

我们会为小说中主人公的悲情人生而痛彻心扉，会在电影院里为别人的爱情默默流泪，会在看到路人重重摔倒时感慨一句“我都觉得疼”……明明自己并没有经历这一切，但为什么会有“痛在你身，疼在我心”的感觉？这种感受到他人疼痛的体验并不少见，它有一个专业名称——疼痛共情。

共情指个体感知他人心理状态的敏感性，包括被他人状态感染、体验到与他人相同的状态、评估状态产生的原因、理解他人的想法等一系列心理过程，既包括较为简单初级的情绪模仿，也包括更为复杂高级的换位思考。疼痛共情是共情的一种典型表现，是指个体对他人所经历的疼痛的感知、判断和情绪反应。也就是当他人遭受疼痛时，我们“感同身受”地体验他们的痛苦与悲伤的能力。

那么这种“别人疼，我也疼”的感觉是如何产生的呢？这种疼痛又与发生在我们自己身上的疼痛有什么相似之处和区别呢？

经典的共情共享表征模型指出，观察者通过使用与被观察者相同的神经表征来实现对他人的共情。在这一过程中，镜像神经元也许是我们模仿他人动作、理解他人情感的基础。

举一个最常见的例子：当别人大笑的时候，我们自己也会不由自主地笑起来，有的时候甚至会停不下来。这主要是因为我们在观察他人表情与动作的时候，大脑的镜像机制让我们经历了相似的神经生理反应，体验到了相似的感受，因此产生了相似的情绪状态。

同理，观察他人遭受疼痛与我们切身经历疼痛时所引发的神经反应模式十分相似，表现为负责加工自身疼痛信息（即伤害性感觉刺激）的大脑区域的激活。这些区域的激活让个体在感知到他人疼痛的同时，产生了与切身疼痛感受极度相似的情绪体验。

看到他人疼痛，我们也会产生类似的情绪体验。

换言之，个体通过在脑中对他人的疼痛状态进行自身模拟，产生与他人相似的疼痛情感体验。大脑的这番操作不仅有利于观察者激活自我保护机制，及时逃离潜在危险，也能够让观察者体验与理解被观察者所遭受的痛苦和体验到的负面情绪，促使人们进行换位思考，做出利他的行为。

选自《为什么看到别人受伤，你也会痛？》，作者：科普中国。有删改。

理解与练习

一、找出课文中关于“共情”和“疼痛共情”的定义，并说明使用了哪种下定义的方法

共情：＿＿＿＿＿＿＿＿＿＿＿＿＿＿＿＿＿＿＿＿＿＿＿＿＿＿＿＿

疼痛共情：＿＿＿＿＿＿＿＿＿＿＿＿＿＿＿＿＿＿＿＿＿＿＿＿＿＿

使用的下定义方法：＿＿＿＿＿＿＿＿＿＿＿＿＿＿＿＿＿＿＿＿＿＿

二、找出课文中所举的例子及其要说明的观点

所举的例子	说明的观点
我们会为小说中主人公的悲情人生而痛彻心扉，会在电影院里为别人的爱情默默流泪，会在看到路人重重摔倒时感慨一句“我都觉得疼”……	＿＿＿＿＿＿＿＿ ＿＿＿＿＿＿＿＿
＿＿＿＿＿＿＿＿ ＿＿＿＿＿＿＿＿	＿＿＿＿＿＿＿＿ ＿＿＿＿＿＿＿＿

三、概括“疼痛共情”产生的原因

＿＿＿＿＿＿＿＿＿＿＿＿＿＿＿＿＿＿＿＿＿＿＿＿＿＿＿＿＿＿＿＿

＿＿＿＿＿＿＿＿＿＿＿＿＿＿＿＿＿＿＿＿＿＿＿＿＿＿＿＿＿＿＿＿

＿＿＿＿＿＿＿＿＿＿＿＿＿＿＿＿＿＿＿＿＿＿＿＿＿＿＿＿＿＿＿＿

交流与实践

四、生活中与他人共情的例子随处可见，与小组成员讨论，列举 3 ～ 5 个能体现共情的例子，并解释说明每个例子给其共情者和被共情者带来的是正面作用还是负面影响，以及正面作用或负面影响具体是什么

序号	共情的例子	正面作用	负面影响
1			
2			
3			
4			
5			

课文三　拖延症也是情绪问题？

生词表　07-03-01

1. 拖延	tuōyán	delay; put off
2. 调节	tiáojié	regulate; adjust
3. 意志力	yìzhìlì	willpower
4. 心理灵活度	xīnlǐ línghuódù	psychological flexibility
5. 思绪	sīxù	feelings
6. 诸如	zhūrú	such as
7. 沮丧	jǔsàng	dispirited; depressed
8. 负罪	fùzuì	bear the blame; feel guilty
9. 羞愧	xiūkuì	ashamed
10. 挫败	cuòbài	frustrate
11. 根源	gēnyuán	root
12. 解脱	jiětuō	free oneself from
13. 缓解	huǎnjiě	alleviate

专有名词

1. 德保罗大学	Débǎoluó Dàxué	DePaul University
2. 约瑟夫·费拉里	Yuēsèfū Fèilālǐ	Joseph R. Ferrari, a professor of psychology at DePaul University in Chicago
3.《心理科学》	《Xīnlǐ Kēxué》	*Psychological Science*

词语练习：选择合适的词语完成句子

拖延　调节　诸如　沮丧　负罪　挫败　缓解

1. 由于双方相互对立的立场，这一次的谈判可能还要________数周。
2. 学校组织学生开展不同类型的减压活动，帮助学生们________压力。
3. 有研究表明，身体活动对紧张情绪________有一定的作用。
4. 人类多少是怀着一种________的心态，努力尝试修补与自然环境的关系。
5. 这场比赛的失利让大家相当________，无心学习。
6. 这家多年来占据最大市场份额的公司今年仅仅排名第五，遭遇了重大________。

7. 大多数人对商朝的印象是碎片化的，________鼎、甲骨文、《封神演义》等。

学习提示：

07-03-02

拖延症到底是时间管理问题，还是情绪调节问题？

大多数人拖延时会这样想：我的时间管理能力太差了！为什么我就不能像别人那样专注？一定是我意志力不够强。

但最新的理论认为，拖延症不是时间管理问题，而是情绪调节问题。经常拖延的人在情绪不好的情况下，更容易选择以逃避来应对问题。

一项研究发现，越容易拖延的学生，心理灵活度越低。心理灵活度，是指一个人容忍不舒服的思绪和心情的能力。心理灵活度高的人在有一定干扰存在的情况下，也能坚持先完成为更长远目标服务的任务。也就是说，容易拖延的人，更容易被诸如失败、担心之类的心理反应支配。

心理越不灵活的学生，越容易认同“我害怕自己的感受”“痛苦的经历和记忆让我很难过上自己认可的生活”等说法。经常拖延的人，很难积极为目标持续付出行动，他们更容易认同“如果我感到沮丧，就顾不上我的任务了”。

美国德保罗大学的心理学教授约瑟夫·费拉里告诉《心理科学》期刊，拖延的发生一般有两个基本原因：

（1）拖延者觉得自己目前的情绪不适合完成任务；

（2）拖延者相信拖延一下之后情绪就会变好。

当我们想着“我先睡一觉，之后肯定能更专注”的时候，实际是逃避了可能会让情绪不太愉快的任务，转而选择做一些能暂时让情绪变好的事。但这不仅不能让我们更好地达成目标，反而会让我们陷入一个拖延的恶性循环。

拖延完成一项重要的任务，会让我们感到焦虑、负罪，甚至羞愧，而在这样的状态下，我们就更没有足够的情绪和认知能力来达到较高的效率。因此我们会更加容易有负罪感，效率进而变得更低下，一次又一次陷入更加挫败的循环里。

这正说明了为什么拖延在根源上是一种错误的情绪调节策略：尽管它可能给你带来短暂的解脱，但问题却会越积越多。

如果想要克服拖延，我们就必须认识到拖延症是一个情绪问题，而不是效率问题。下载一个时间管理软件，或者学习新的自律技巧，并不能从根本上解决问题。我们必须找到一个新办法来管理情绪。

选自《这篇关于“拖延症”的文章，原本定于1月发布》，作者：果壳。有删改。

理解与练习

一、找出课文中关于“心理灵活度”的定义，并说明使用了哪种下定义的方法

二、课文中根据心理灵活度将人分为哪两类？这两类人跟“拖延”的关系是什么样的？

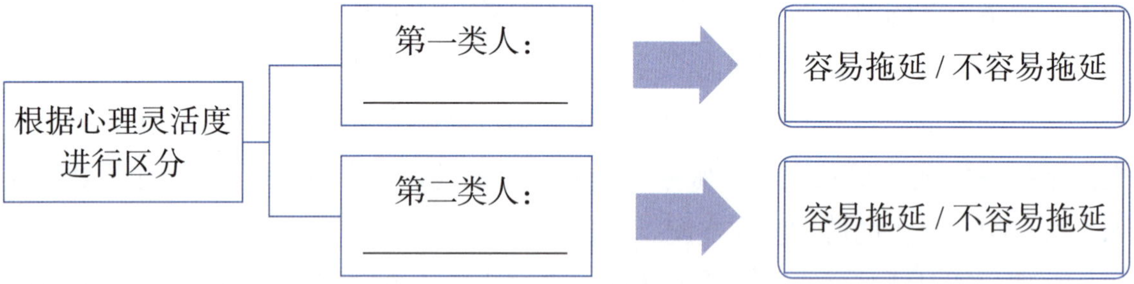

三、概括拖延症是情绪问题而不是效率问题的理由

交流与实践

四、小组讨论

根据课文中拖延与情绪的关系，你觉得有什么办法可以通过“治疗”拖延来管理情绪？

课文四 什么是情绪？

生词表 07-04-01

1. 调侃	tiáokǎn	ridicule
2. 分歧	fēnqí	difference
3. 吼	hǒu	shout
4. 无理取闹	wúlǐ-qǔnào	be deliberately provocative
5. 夸张	kuāzhāng	exaggerate; overstate
6. 唤醒	huànxǐng	arousal
7. 公认	gōngrèn	universally acknowledge
8. 激发事件	jīfā shìjiàn	activating event
9. 后果	hòuguǒ	consequence
10. 信念	xìnniàn	belief
11. 刻板印象	kèbǎn yìnxiàng	stereotype
12. 作祟	zuòsuì	cause trouble
13. 魔力	mólì	magic power
14. 衍生	yǎnshēng	give rise to; produce

专有名词

埃利斯	Āilìsī	Albert Ellis, an eminent American psychologist and psychotherapist best known for developing Rational Emotive Behavior Therapy (REBT)

词语练习：选择合适的词语完成句子

调侃　无理取闹　公认　分歧　后果　信念　刻板印象

1. 她是________的创作天才，创作了很多大受欢迎的歌曲。

2. 中国队队员李盈莹表示，自己和队友们在落后时坚定了想赢的________，这是一场拼出来的胜利。

3. 如果不及时治疗干预，心理疾病的________可能会非常严重。

4. 他在这场演出中以风趣活泼的主持风格打破了大众对他的________。

5. 双方经过长时间的沟通后，仍然在基本问题上存在较大________。
6. 这位学者认为，年轻人经常提及的“躺平”，更多还是缓释压力的________和情绪表达。
7. 一味地纵容可能会让小孩儿更加________，还是应当跟孩子多沟通。

学习提示： 07-04-02

不同的人对同一件事理解不同，会导致不同的情绪反应。

网上有一段调侃伴侣吵架的视频，情景大概是，一对情侣在晚饭吃什么的问题上发生了分歧，商量过程中，其中一个人有一句话没有控制住音量，声音大了点儿，于是后面的对话就变成了这样：

A：你竟然吼我！

B：我没有啊，我就是想说……

A：你是不是不爱我了？

B：我没有啊，这件事跟我爱不爱你有什么关系？

A：你别说了，你现在就是嫌我烦了呗？

B：哎，你能不能不要这么无理取闹？

A：我无理取闹？你现在怎么变成这样了！

B：我哪样了我？

到此刻，双方已经忘了交流的出发点是什么了。这个情景虽然有夸张的成分，但因为情绪激动导致争吵，甚至做出冲动行为的例子却不少。

情绪为什么说来就来？它是如何“操控”我们的行为的？

心理学家将情绪定义为一种复杂的身体和心理变化模式，包括生理唤醒（如心跳加速）、外部表现（如表情）、认知过程，以及独特的主观体验。从生物进化的角度来看，情绪可以被分为基本情绪和复合情绪。所谓基本情绪就是人和动物都有的、先天的，它们又可以被分为积极情绪和消极情绪。虽然不同的学者对基本情绪的分类有那么一小点儿不同，但喜、怒、哀、惧等几种情绪却是大家公认的。然而更多时候，我们在生活中常经历的情绪感受都是复合情绪。所谓复合情绪，就是由不同的基本情绪混合组成的一种情绪。

回到文章开头的例子。一开始，双方的情绪或许还比较平静，但因其中一方音量加大了，事情就逐步变得失控。为什么一场日常对话会演变成争吵呢？

美国心理学家埃利斯认为，激发事件 A 只是引发情绪和行为后果 C 的间接原因，而直接原因则是我们对事件产生的信念 B，这就是“ABC 情绪理论”。换言之，引发不同情绪反应的不是事件本身，而是我们自身对事件的看法。所以，对同样的事件不同的人会有不同的认知，这与我们自身的过往经历、性格特征、当下的情绪状态，以及持有的刻板印象等密切相关。由于我们每个人对事情会有自己的理解，所以在人与人的沟通交流中，难免会因为“情绪”作祟，让彼此产生误解。

接下来，我们就用情绪理论尝试分析一下文章开头的例子。“你竟然吼我！”这是整个事件的重要转折点。从这句话开始，之后的问题已经偏离了原先晚饭吃什么的话题。这句话到底有什么魔力呢？关键在于双方如何理解“音量变大”这个激发事件。一方提高音量，或许只是为了在双方讨论的过程中突出自己所表达的观点，但另一方则认为这是伴侣在“凶”自己，并且认为伴侣“凶”自己，是因为伴侣不爱自己了。所以说，面对同一件事，不同的人会有不同的理解，自然就会衍生不同的情绪反应。

选自《聊得好好的，怎么就吵起来了？》，作者：科普中国。有删改。

理解与练习

一、找出课文中关于“情绪”的定义并说明该定义使用了哪些下定义的方法

____

____

____

二、找出课文中关于情绪的分类

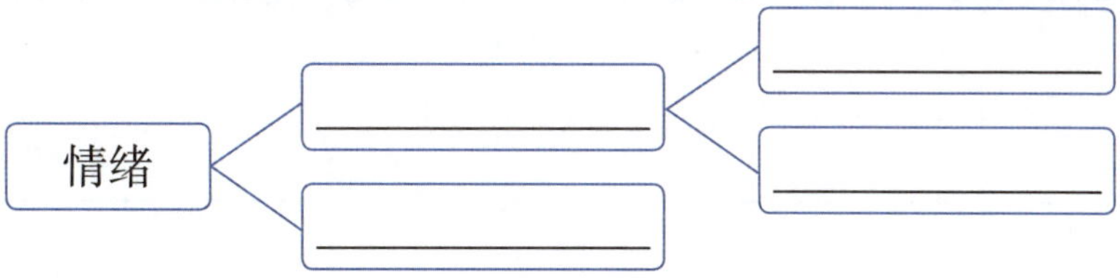

其中，“复合情绪”的定义是：

____

三、根据美国心理学家埃利斯的“ABC 情绪理论”，补充信息

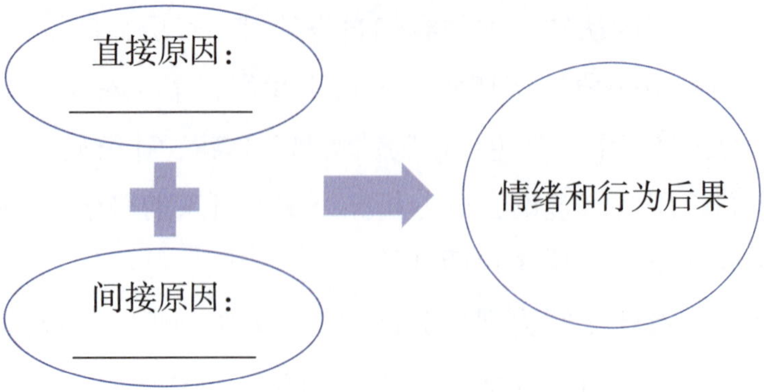

四、基于“ABC 情绪理论”对课文中的情侣吵架事件进行分析

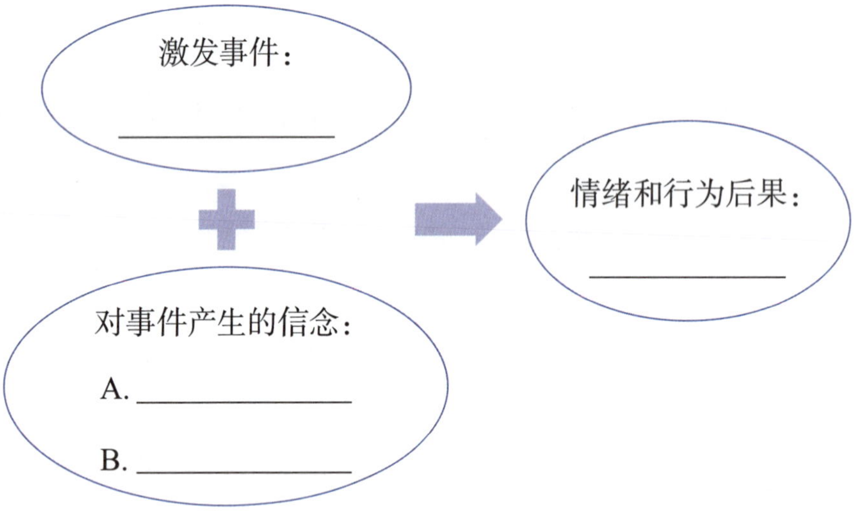

交流与实践

五、我们在日常生活中时常会经历复合情绪，请与小组成员讨论并整理出 3 ～ 5 个例子

____

____

____

____

本单元学习评估：复习所学，及时总结

使用康奈尔笔记法有效地记笔记，并定期复习，提高学习效率。

(记下关键词、重点句和问题)	(记录授课内容)
(写下对本单元所学的反思以及对重要问题的回答)	

附录一　录音文本

第一单元　无处不在的人工智能　课文一

人工智能的诞生跟美国的计算机科学家约翰·麦卡锡有关。1956年夏天，麦卡锡在达特茅斯学院组织了一个研讨会。在研讨会上，麦卡锡提出了“人工智能”这个概念。这是“人工智能”第一次被正式使用。因此，麦卡锡被称为“人工智能之父”。

一开始，科学家们都踌躇满志，对人工智能充满信心，他们相信人工智能可以解决很多疑难。但是到了20世纪60年代末，他们却发现困难重重，比如：机器翻译不能准确地翻译句子；人工智能只能完成比较简单的工作，不能解决复杂的问题。所以，当时美国和英国等国家的政府取消了很多对人工智能的支持。

一直到20世纪80年代，情况才发生了变化。一些公司发现人工智能可以为公司省钱，很快，大家又对人工智能感兴趣了。当时美国差不多每家大公司都有自己的人工智能研究小组。不过，人工智能真正得到重要发展，成为人们日常生活的一部分，还是21世纪初才发生的。

选自《人工智能：一种现代的方法》(第3版)，
作者：罗素、诺维格，殷建平、祝恩、刘越等译。有删改。

第二单元　绿色 GDP　课文一

环境问题一直是我们生活中不可忽视的一个问题，为了分类处理各种各样的环境问题，我们人为地把环境问题分为原生环境问题和次生环境问题。原生环境问题是由自然演变和自然灾害引起的环境问题，这里我们主要讲讲次生环境问题。

次生环境问题，主要是由人类不恰当的生产以及生活活动造成的一系列环境问题。我们将次生环境问题又大致分为两个类别，一是环境污染，二是生态环境破坏。

环境污染指的是由于人为因素，造成原本的自然环境发生变化，并且这种变化属于恶化，它不仅严重影响和破坏了该地区原有的生态系统组成，还使其朝着不再适合人类正常生产生活的趋势发展。环境污染主要包括大气污染、水污染、固体污染、噪声污染、光污染等。

生态环境破坏指的是人类活动直接作用于自然环境引起的生态环境变化。这类次生环境问题主要包括森林破坏、草原退化、水土流失、土地荒漠化、物种灭绝等等。

生态环境破坏的危害一般来说要比环境污染的危害更为严重。资料显示，在发达国家，主要次生环境问题是环境污染；而在发展中国家，主要次生环境问题则是生态环境破坏。

选自《环境科学与工程导论》，作者：赵景联、徐浩。有删改。

第三单元　师法自然　课文一

在使用纸张之前，中国古代的书写材料有金石、甲骨、丝帛、竹木等。其中竹木的应用最为广泛。

由于竹、木的材质不同，竹简和木简的用途也有所不同。竹简主要用于需要连续书写的文献、文书等，木简则主要用作名片、契约凭证等特殊用途的单简。

把竹子削成细长的竹片，在每个竹片上从上到下书写，写完一篇文章后，将竹片用牛皮或绳子穿起来，成为书册。随着竹简记载的古代文献陆续被发现，相关的研究逐渐丰富，并形成了一门新的学科——竹简学。

竹简的发明和使用，可以说是中国传播媒介史上的一次重要革命。早期的文字刻在甲骨和金石上，难以广泛传播，所以商朝掌握文字的只有上层社会的少数人，这极大地限制了文化和思想的交流与传播。竹简的出现，将写字的成本大大降低，让文字从社会最上层的小圈子，走向更宽广的社会，大步前进。而且从某种意义上说，正是它的出现，才得以形成百家争鸣的文化盛况，同时也使远古时代的思想和文化流传至今。

选自《工艺设计：材料与加工工艺》，作者：张宇红。有删改。

第四单元　飞到月球上去　课文一

飞到月球上去！这是人类自古以来的梦想。不过，要实现这个梦想谈何容易，人类被地球的引力紧紧束缚在地面附近，而月亮却高高地挂在天上，离地面有遥远的38万公里！这是一个难以飞跃的高度，古人只能凭想象和神话故事来满足对月球的好奇。就像“嫦娥奔月”的神话故事，寄托着中国人登月的梦想。不过，从20世纪50年代开始，随着航天技术的发展，自古以来那些只能存在于艺术作品中有关月球的神话故事，经过世界各国对月球的科学探测活动，慢慢揭开了神秘的面纱。像1959年1月，苏联发射的“月球一号”探测器实现了人类探测器首次飞越月球；1969年7月，美国发射的“阿波罗11号”则首次将人类脚印留在月球上；2007年9月，日本成功发射“月亮女神号”绕月探测卫星，同年10月中国“嫦娥一号”成功的发射，标志着中国成为世界上为数不多的具有深空探测能力的国家。

选自《揭秘太空：人类的航天梦》，作者：张天蓉。有删改。

第五单元　纯种猫的痛　课文一

现代科学对生命的常用定义是：生命是生物体所表现的自身繁殖、生长发育、新陈代谢、物质和能量交换、遗传变异，以及对刺激的反应的复合现象。在这个定义的应用中，我们需要留意的是，上述这些复合现象中的任何单一现象都不是生命所特有的，只有同时满足了上述定义中多方面的复合条件的物质才能被称作“生命”，有生命的生命体被称为生物。例如，从“物质和能量交换”方面来说，非生命的火焰不断把燃料变成其他物质，进行着物质和能量的交换，在有足够燃料供应的情况下，它也会“繁殖”，但人们并不认为火焰有生命。再比如，现代人工智能可以很好地对外界刺激做出回应，但由电脑控制的机器人显然也不会被人们划分到生命的类型中来。

现代科学研究认为，地球上原来并没有生命，大约在38亿年前，才在一定的环境下形成了原始生命。后来由于变异、遗传和适应生存的自然选择，地球上的生物不断地发展，直到地球发展成为今天这样具有生物多样性的世界。

选自《生命探索　人类起源》，作者：中国地质学会。有删改。

第六单元　绿色出行　课文一

如果你看过美国电影《霹雳游侠》，一定还记得影片中那辆无所不能的黑色智能跑车Kitt吧？“它”拥有极为神奇的功能，像AI人工智能、上天入水、医疗扫描仪、武器装备等。凡是人类对未来智能汽车能想象得到的功能，Kitt几乎都拥有了！当然，这样的无人驾驶汽车只能出现在科幻电影中。

而我们实际生活中所看到的无人驾驶汽车虽没有Kitt那么神奇，但是发展速度也是惊人的。无人驾驶汽车集自动控制、人工智能、视觉计算等众多技术于一体，是计算机科学、模式识别和智能控制技术高度发展的产物。[①] 按照美国汽车工程师学会（SAE）的标准，自动驾驶技术被划分为L0～L5共六个等级（见下表）[②]，“无人驾驶”从L4阶段开始。当人类完全不需要干预汽车系统时，才是真正意义上的无人驾驶。目前，很受年轻人欢迎的特斯拉的Autopilot只是部分自动化和有条件的自动化。而层级更高的像百度的Apollo汽车、甲骨文的Waymo、通用汽车的Cruise都属于L4级别的无人驾驶汽车。

---

① 金善科．无人驾驶汽车的概念及发展 [J]. 中国科技术语，2017（03）：75.

② 洪伟权，谭华，张海涛．国内外自动驾驶发展态势 [J]. 通信企业管理，2021（03）：55.

自动驾驶技术的六个等级

<table>
<tr><th rowspan="2">分级</th><th rowspan="2">称呼</th><th rowspan="2">定义</th><th colspan="4">主体</th></tr>
<tr><th>驾驶操作</th><th>周边监控</th><th>支援</th><th>系统作用域</th></tr>
<tr><td>L0</td><td>无自动化</td><td>由人类驾驶者全权操作汽车，在行驶过程中可以得到警告和保护系统的辅助</td><td>人类驾驶者</td><td rowspan="3">人类驾驶者</td><td rowspan="4">人类驾驶者</td><td>无</td></tr>
<tr><td>L1</td><td>驾驶支援</td><td>通过设定驾驶环境，对方向盘和加减速中的一项操作提供驾驶支援，其他的驾驶动作都由人类驾驶者进行操作</td><td>人类驾驶者、系统</td><td rowspan="4">部分</td></tr>
<tr><td>L2</td><td>部分自动化</td><td>通过设定驾驶环境，对方向盘和加减速中的多项操作提供驾驶支援，其他的驾驶动作都由人类驾驶者进行操作</td><td rowspan="4">系统</td></tr>
<tr><td>L3</td><td>有条件自动化</td><td>由无人驾驶系统完成所有的驾驶操作。根据系统请求，人类驾驶者提供适当的应答</td><td rowspan="3">系统</td></tr>
<tr><td>L4</td><td>高度自动化</td><td>由无人驾驶系统完成所有的驾驶操作。根据系统请求，人类驾驶者不一定需要对所有的系统请求做出应答。限定道路和环境条件等</td><td rowspan="2">系统</td></tr>
<tr><td>L5</td><td>完全自动化</td><td>由无人驾驶系统完成所有的驾驶操作。人类驾驶者在可能的情况下接管。在所有的道路和环境条件下驾驶</td><td>全域</td></tr>
</table>

附录二　生词表

词语	拼音	英译
		B
白皮书	báipíshū	white paper
百家争鸣	bǎijiā-zhēngmíng	contention of the Hundred Schools of Thought
摆动	bǎidòng	swing
板材	bǎncái	slab; plate material
版本	bǎnběn	edition; version
半显性	bànxiǎnxìng	semidominant
保有量	bǎoyǒuliàng	holdings
本身	běnshēn	itself
避免	bìmiǎn	avoid
变异	biànyì	vary
便利	biànlì	convenient
辨识	biànshí	identify
彪悍	biāohàn	doughty; valiant and fierce
表征	biǎozhēng	representation
并驾齐驱	bìngjià-qíqū	go side by side; run neck and neck
并举	bìngjǔ	develop simultaneously
玻璃	bōli	glass
哺乳动物	bǔrǔ dòngwù	mammal
不妨	bùfáng	might as well
不可思议	bùkě-sīyì	incredible; inconceivable
不切实际	bù qiè shíjì	unrealistic
不为人知	bù wéi rén zhī	unknown
不屑	bùxiè	disdain to do sth.
不由自主	bùyóuzìzhǔ	cannot help but

C		
材质	cáizhì	texture; quality of material
参照系	cānzhàoxì	frame of reference
操纵	cāozòng	control; operate
测试	cèshì	test
参差不齐	cēncī bù qí	uneven
缠绕	chánrào	wind; twine
长此以往	cháng cǐ yǐwǎng	if things continue this way
长足	chángzú	rapid; by leaps and bounds
肠道	chángdào	intestinal tract
尝试	chángshì	try
嫦娥奔月	Cháng'é bēn yuè	the Goddess Chang'e flying to the moon, an ancient Chinese folklore
超速	chāosù	exceed the speed limit
成本	chéngběn	cost
呈	chéng	show
持久	chíjiǔ	long-lasting
充沛	chōngpèi	plentiful; full
重见天日	chóngjiàn-tiānrì	see the light of day again; be delivered from oppression
重组竹	chóngzǔzhú	bamboo scrimber
踌躇满志	chóuchú-mǎnzhì	enormously proud of one's success
臭氧	chòuyǎng	ozone
除草器	chúcǎoqì	weeder
厨余	chúyú	kitchen waste
雏形	chúxíng	embryonic form
处置	chǔzhì	dispose of; handle
储水	chǔshuǐ	store up water
传承	chuánchéng	inherit; pass on

传递	chuándì	pass on
传感	chuángǎn	sensing
传感器	chuángǎnqì	sensor
次生	cìshēng	secondary
挫败	cuòbài	frustrate
	D	
大气层	dàqìcéng	atmosphere
代价	dàijià	price
诞生	dànshēng	be born; come into existence
淡薄	dànbó	weak
淡雅	dànyǎ	quietly elegant
导向	dǎoxiàng	guidance
得益于	déyì yú	benefit from
灯泡	dēngpào	bulb
低聚糖	dījùtáng	oligosaccharide
笛子	dízi	*dizi*
抵抗	dǐkàng	resist
电池	diànchí	battery
淀粉	diànfěn	starch
奠定	diàndìng	establish; lay the foundation for
奠基	diànjī	lay a foundation
顶	dǐng	butt
毒素	dúsù	toxin
杜绝	dùjué	stop; put an end to
端正	duānzhèng	upright
堆肥	duīféi	compost
	E	
恶化	èhuà	worsen
耳膜	ěrmó	eardrum

F		
发育	fāyù	develop; grow
筏	fá	raft
凡是	fánshì	any
烦躁	fánzào	irritable and restless; fidgety
繁衍	fányǎn	reproduce; multiply
繁殖	fánzhí	propagate
反馈	fǎnkuì	feedback
反作用力	fǎnzuòyònglì	reaction/force
方向盘	fāngxiàngpán	steering wheel
仿生	fǎngshēng	bionic
仿照	fǎngzhào	imitate
飞行器	fēixíngqì	aerocraft
飞跃	fēiyuè	leap
飞越	fēiyuè	fly across
废弃	fèiqì	discard
分娩	fēnmiǎn	deliver; give birth
分配	fēnpèi	allocate
分歧	fēnqí	difference
分析	fēnxī	analyse
焚烧	fénshāo	set on fire
粪便	fènbiàn	faeces
风趣	fēngqù	witty
风筝	fēngzheng	kite
锋利	fēnglì	sharp
伏特加	fútèjiā	vodka
辐射	fúshè	radiate
腐蚀	fǔshí	corrode
负罪	fùzuì	bear the blame; feel guilty

复合	fùhé	compound; complex
赋予	fùyǔ	endow
覆盖	fùgài	cover
	G	
干扰	gānrǎo	disturb
干预	gānyù	intervene
甘心	gānxīn	be content with
感同身受	gǎntóngshēnshòu	feel as though one experienced sth. in person
感知	gǎnzhī	perceive
根系	gēnxì	root system
根源	gēnyuán	root
公认	gōngrèn	universally acknowledge
共情	gòngqíng	empathy
构建	gòujiàn	construct
估量	gūliàng	estimate
孤独	gūdú	lonely
鼓励	gǔlì	encourage
瓜分殆尽	guāfēn dài jìn	divide up completely
关键	guānjiàn	key; crux
广泛	guǎngfàn	extensive
规避	guībì	evade
规律	guīlǜ	law; rule
规模	guīmó	scale
轨道	guǐdào	trajectory; orbit
	H	
罕见	hǎnjiàn	rare
毫无	háo wú	have not the least bit
核算	hésuàn	examine and calculate
核心	héxīn	core

赫兹	hèzī	Hertz; *a unit of sound intensity*
衡量	héngliáng	measure
轰鸣	hōngmíng	roar
宏观	hóngguān	macroscopic
吼	hǒu	shout
后果	hòuguǒ	consequence
后来居上	hòulái-jūshàng	catch up from behind
呼吁	hūyù	appeal
弧形	húxíng	arc
划分	huàfēn	divide
缓解	huǎnjiě	alleviate
换乘	huànchéng	transfer
换位思考	huànwèi sīkǎo	put yourself in someone's shoes
换言之	huànyánzhī	in other words
唤醒	huànxǐng	arousal
荒漠化	huāngmòhuà	desertify
回声	huíshēng	echo
回收	huíshōu	recycle
回应	huíyìng	respond
混凝土	hùnníngtǔ	concrete
火箭	huǒjiàn	rocket
火焰	huǒyàn	flame
	J	
机器翻译	jīqì fānyì	machine translation
机器学习	jīqì xuéxí	machine learning
机遇	jīyù	opportunity
机制	jīzhì	mechanism
畸形	jīxíng	abnormal
激发	jīfā	inspire

激发事件	jīfā shìjiàn	activating event
激活	jīhuó	activate
激烈	jīliè	intense
极地	jídì	polar region
即	jí	that is
即使	jíshǐ	even though; even if
急剧	jíjù	rapid
集	jí	integrate; assemble
集成材	jíchéngcái	glued laminated timber
集结	jíjié	concentrate; assemble
计量	jìliàng	measure
计算机程序	jìsuànjī chéngxù	computer program
记载	jìzǎi	record
迹象	jìxiàng	sign
加剧	jiājù	intensify
甲骨	jiǎgǔ	shells of turtles and bones of animals
驾驭	jiàyù	drive; control
坚韧	jiānrèn	tough and tensile
坚贞不屈	jiānzhēn bùqū	be firm and unyielding
间歇	jiànxiē	occur intermittently
检验	jiǎnyàn	test; examine
桨	jiǎng	paddle
降解	jiàngjiě	degrade
交错	jiāocuò	interlock; crisscross
交互	jiāohù	interact
浇筑	jiāozhù	cast (concrete, etc.)
骄傲	jiāo'ào	proud
搅动	jiǎodòng	agitate; stir
校正	jiàozhèng	revise

揭开	jiēkāi	uncover; reveal
节点	jiédiǎn	node
节奏	jiézòu	rhythm
截至	jiézhì	up to
解脱	jiětuō	free oneself from
介质	jièzhì	medium
借鉴	jièjiàn	use for reference; draw from
借助	jièzhù	with the help of
金石	jīnshí	ancient bronzes and stone tablets
金属	jīnshǔ	metal
金星	jīnxīng	Venus
谨慎	jǐnshèn	cautious
茎	jīng	stem
京胡	jīnghú	*jinghu*
惊人	jīngrén	amazing; surprising
精妙	jīngmiào	exquisite and ingenious
精明	jīngmíng	astute; shrewd
精确	jīngquè	accurate; precise
警醒	jǐngxǐng	be on the alert
镜像神经元	jìngxiàng shénjīngyuán	mirror neuron
酒驾	jiǔjià	drink and drive; drive under the influence of alcohol
救援	jiùyuán	rescue
沮丧	jǔsàng	dispirited; depressed
俱乐部	jùlèbù	club
锯子	jùzi	saw
聚集	jùjí	gather
聚焦	jùjiāo	focus; concentrate
决策	juécè	make a decision

君	jūn	*a term of respect for others*
菌群	jūnqún	flora
K		
开创	kāichuàng	start (a new era)
开启	kāiqǐ	open
抗压性	kàngyāxìng	pressure resistance
科幻	kēhuàn	science fiction
可持续	kěchíxù	sustainable
可塑性	kěsùxìng	plasticity
可谓	kěwèi	may be said
刻板印象	kèbǎn yìnxiàng	stereotype
啃	kěn	gnaw; bite
控制	kòngzhì	control
夸张	kuāzhāng	exaggerate; overstate
跨学科	kuà xuékē	interdisciplinary
捆绑	kǔnbǎng	tie up
困难重重	kùnnan chóngchóng	be beset with difficulties
扩展	kuòzhǎn	expand
L		
喇叭	lǎba	trumpet
蜡质	làzhì	wax
来势汹汹	láishì xiōngxiōng	break in (upon sb./sth.) in full fury
类似	lèisì	be similar
历尽	lìjìn	go through
利他	lìtā	be altruistic
连锁	liánsuǒ	linked; like a chain
联结	liánjié	bind; tie
裂痕	lièhén	crack
临时	línshí	temporary

灵活	línghuó	flexible
灵长类	língzhǎnglèi	primates
领域	lǐngyù	domain; field
留意	liúyì	pay attention to
流失	liúshī	be washed away
流通	liútōng	circulate
橹	lǔ	scull
履	lǚ	shoe
孪生	luánshēng	twin
逻辑	luójí	logic
	M	
迈入	màirù	stride into
蔓延	mànyán	overspread
貌合神离	màohé-shénlí	appear united outwardly but divided at heart
媒介	méijiè	intermediary
美誉	měiyù	good reputation
免疫力	miǎnyìlì	immunity
敏感	mǐngǎn	sensitive
命名	mìngmíng	name
模仿	mófǎng	simulate
模糊	móhu	obscure
模拟	mónǐ	simulate
模式	móshì	pattern; model
模型	móxíng	model
魔力	mólì	magic power
牟利	móulì	make a profit
木星	mùxīng	Jupiter
	N	
耐	nài	bear; withstand

耐久性	nàijiǔxìng	durability
耐用	nàiyòng	durable
难以	nányǐ	difficult to
脑干	nǎogàn	brainstem
内饰	nèishì	interior decoration
能量	néngliàng	energy
能人巧匠	néngrén qiǎojiàng	skilled craftsman
农作物	nóngzuòwù	crop
	P	
爬行动物	páxíng dòngwù	reptile
排放	páifàng	emit
培养基	péiyǎngjī	culture medium
皮质	pízhì	cortex
疲劳	píláo	fatigue
琵琶	pípa	*pipa*
篇章	piānzhāng	sections and chapters
嘌呤	piàolìng	purine
频率	pínlǜ	frequency
评估	pínggū	estimate; assess
凭	píng	(go, etc.) by; (be based) on
凭证	píngzhèng	certificate
迫切	pòqiè	urgent
普及	pǔjí	popularize
	Q	
奇异	qíyì	strange; bizarre
脐带	qídài	umbilical cord
棋手	qíshǒu	board game player
鳍	qí	fin
起伏	qǐfú	undulate

契约	qìyuē	contract
恰当	qiàdàng	appropriate
迁	qiān	move
铅	qiān	lead
潜在	qiánzài	latent
潜在需求	qiánzài xūqiú	potential demand
墙壁	qiángbì	wall
敲击	qiāojī	pound; knock
亲水	qīnshuǐ	hydrophilic
青翠	qīngcuì	fresh and green
倾盆大雨	qīngpén dàyǔ	rain cats and dogs; downpour
情绪化	qíngxùhuà	emotional
缺陷	quēxiàn	defect
	R	
燃料	ránliào	fuel
热量	rèliàng	quantity of heat
热衷	rèzhōng	be enthusiastic about
人工智能	réngōng zhìnéng	AI (artificial intelligence)
人为	rénwéi	artificial
韧性	rènxìng	toughness; tenacity
容器	róngqì	container
熔化	rónghuà	melt
融入	róngrù	integrate into
柔韧	róurèn	pliable and tough
软骨	ruǎngǔ	cartilage
	S	
散发	sànfā	emit
散失	sànshī	scatter and disappear
扫描仪	sǎomiáoyí	scanner

善意	shànyì	goodwill; kindness
商机	shāngjī	business opportunity
射击	shèjī	shoot
神经	shénjīng	nerve
神经网络	shénjīng wǎngluò	neural network
神经元	shénjīngyuán	neuron; nerve cell
神奇	shénqí	magical
审美	shěnměi	appreciate beauty
渗透	shèntòu	permeate
升级	shēngjí	upgrade
生态环境	shēngtài huánjìng	ecological environment
生物多样性	shēngwù duōyàngxìng	biodiversity
盛况	shèngkuàng	spectacular event
师法自然	shī fǎ zìrán	learn from the law of nature
施加	shījiā	exert
识别	shíbié	recognize; identify
实用主义	shíyòng zhǔyì	pragmatism
释放	shìfàng	release
收获	shōuhuò	gain
收益	shōuyì	profit
舒适	shūshì	comfortable
舒适度	shūshìdù	degree of comfortableness
疏水	shūshuǐ	hydrophobic
输入	shūrù	input
属	shǔ	genus
属性	shǔxìng	attribute; property
束缚	shùfù	tie; bind
数据	shùjù	data

水冰	shuǐbīng	water ice
水泥	shuǐní	cement
水土不服	shuǐtǔ bùfú	be unaccustomed to a new place
水星	shuǐxīng	Mercury
水蒸气	shuǐzhēngqì	steam
顺畅	shùnchàng	smooth
丝帛	sībó	silk
思绪	sīxù	feelings
搜集	sōují	gather
素	sù	always; usually
素食	sùshí	vegetarian meal
素质	sùzhì	quality
塑料	sùliào	plastic
塑造	sùzào	model; shape
随处可见	suíchù kě jiàn	be seen everywhere
岁寒三友	suìhán-sānyǒu	the three friends of winter — the pine, bamboo and Chinese *mei* flower
损耗	sǔnhào	waste; loss
笋	sǔn	bamboo shoot
	T	
塌陷	tāxiàn	cave in; collapse
弹性	tánxìng	elasticity
探测	tàncè	probe
探测器	tàncèqì	probe; detector
探索	tànsuǒ	explore
逃生	táoshēng	escape; flee for one's life
陶瓷	táocí	pottery and porcelain
特有	tèyǒu	peculiar; unique
梯度	tīdù	gradient

梯度材料	tīdù cáiliào	Functionally Graded Material (FGM)
体积	tǐjī	volume
体现	tǐxiàn	embody
体验	tǐyàn	experience
天体	tiāntǐ	celestial body
天王星	tiānwángxīng	Uranus
调和	tiáohé	harmonize
调节	tiáojié	regulate; adjust
调侃	tiáokǎn	ridicule
挺拔	tǐngbá	tall and straight
痛彻心扉	tòng chè xīnfēi	feel deep pain or bitterness
痛苦不堪	tòngkǔ bùkān	very painful; in torment
凸起	tūqǐ	bulge
凸显	tūxiǎn	highlight
突破	tūpò	make a breakthrough
途径	tújìng	way; approach
涂料	túliào	coating
土木工程	tǔmù gōngchéng	civil engineering
土星	tǔxīng	Saturn
推理	tuīlǐ	reason; infer
退化	tuìhuà	retrograde; degrade
拖延	tuōyán	delay; put off
拓展	tuòzhǎn	expand
	W	
挖掘	wājué	excavate; dig
完备	wánbèi	complete
万万	wànwàn	absolutely; by no means
微弱	wēiruò	faint
微生物	wēishēngwù	microorganism

围绕	wéirào	move around; encircle
温室效应	wēnshì xiàoyìng	greenhouse effect
文书	wénshū	documents
文献	wénxiàn	documents; literature
纹理	wénlǐ	texture; grain
稳态	wěntài	steady state
乌贼	wūzéi	cuttlefish
污染	wūrǎn	pollute
无理取闹	wúlǐ-qǔnào	be deliberately provocative
无奈	wúnài	have no alternative
无所不能	wú suǒ bù néng	be capable of doing everything
物质	wùzhì	substance
物种灭绝	wùzhǒng mièjué	species extinction
	X	
牺牲	xīshēng	sacrifice
锡	xī	stannum; tin
纤维	xiānwéi	fiber
显然	xiǎnrán	obvious
显示	xiǎnshì	show; indicate
显著	xiǎnzhù	remarkable
限度	xiàndù	limitation
相当	xiāngdāng	be equal to
相揖	xiāng yī	bow to each other
削	xiāo	cut; whittle
小脑	xiǎonǎo	cerebellum
小众	xiǎozhòng	non-mainstream
哮喘	xiàochuǎn	asthma
效率	xiàolǜ	efficiency
协同	xiétóng	work in coordination; cooperate

心理灵活度	xīnlǐ línghuódù	psychological flexibility
心理医生	xīnlǐ yīshēng	psychologist
欣慰	xīnwèi	gratified
新陈代谢	xīnchén-dàixiè	metabolism
新纪元	xīnjìyuán	new era
薪	xīn	firewood
信念	xìnniàn	belief
行动	xíngdòng	action; act
行为	xíngwéi	behavior
雄心勃勃	xióngxīn bóbó	ambitious
休戚与共	xiūqī-yǔgòng	share weal and woe
羞愧	xiūkuì	ashamed
嗅	xiù	sense
需求	xūqiú	need
血脉	xuèmài	blood relationship
循环	xúnhuán	circulate
	Y	
芽	yá	bud
烟花	yānhuā	fireworks
延伸	yánshēn	extend
严谨	yánjǐn	rigorous
炎症	yánzhèng	inflammation
研发	yánfā	research and develop
研讨会	yántǎohuì	seminar
研制	yánzhì	research and develop
衍生	yǎnshēng	give rise to; produce
掩埋	yǎnmái	bury
演变	yǎnbiàn	evolve
演化	yǎnhuà	evolve

厌恶	yànwù	detest; loathe
氧化剂	yǎnghuàjì	oxidant
遥控	yáokòng	remote control
遥远	yáoyuǎn	faraway
液态	yètài	liquid state
一席之地	yīxízhīdì	place; niche
依赖	yīlài	rely on
疑难	yínán	knotty; difficult
意愿	yìyuàn	desire; wish
意志力	yìzhìlì	willpower
因素	yīnsù	factor
阴影	yīnyǐng	shadow
引发	yǐnfā	trigger
引力	yǐnlì	gravitation
赢得	yíngdé	gain; win
应激	yìngjī	stress
优化	yōuhuà	optimize
有机	yǒujī	organic; essential
有望	yǒuwàng	be expected
诱导	yòudǎo	induce
娱乐	yúlè	entertainment
宇宙	yǔzhòu	universe
预期	yùqī	expect
预先	yùxiān	beforehand
欲望	yùwàng	desire; wish
原生	yuánshēng	native; natural; primary
原型	yuánxíng	prototype
源泉	yuánquán	origin; source
源头	yuántóu	source; origin

源远流长	yuányuǎn-liúcháng	long-standing and well-established
远古	yuǎngǔ	ancient times
跃跃欲试	yuèyuè-yùshì	itch for a try
云梯	yúntī	scaling ladder
运营	yùnyíng	operate
	Z	
噪声	zàoshēng	noise
障碍	zhàng'ài	obstacle; barrier
罩	zhào	cover
诊断	zhěnduàn	diagnose
振奋	zhènfèn	exhilarated; high-spirited
震惊	zhènjīng	shock; amaze
蒸发	zhēngfā	evaporate
知之甚少	zhī zhī shèn shǎo	know little
执行	zhíxíng	execute
执政	zhízhèng	govern; be in power
旨趣	zhǐqù	purport
指标	zhǐbiāo	indicator
至关重要	zhì guān zhòngyào	of great importance
质地	zhìdì	texture
致命	zhìmìng	fatal
智商	zhìshāng	IQ (intelligence quotient)
中枢神经系统	zhōngshū shénjīng xìtǒng	central nervous system
种	zhǒng	species
骤变	zhòubiàn	change suddenly
诸如	zhūrú	such as
竹鞭	zhúbiān	bamboo rhizome
竹展平板	zhú zhǎnpíngbǎn	flattened bamboo sheet

主流	zhǔliú	mainstream
专利	zhuānlì	patent
专注	zhuānzhù	concentrated; focused
转基因	zhuǎnjīyīn	transgene; transgenesis
装备	zhuāngbèi	equipment
坠落	zhuìluò	fall; drop
准确	zhǔnquè	accurate
捉摸不定	zhuōmō bùdìng	guessed what was happening but did not know what was really taking place; uncertain
自豪	zìháo	proud
作祟	zuòsuì	cause trouble

专有名词

词语	拼音	英译
		A
阿波罗	Ābōluó	Apollo
埃利斯	Āilìsī	Albert Ellis, an eminent American psychologist and psychotherapist best known for developing Rational Emotive Behavior Therapy (REBT)
埃斯诺－佩尔特里	Āisīnuò Pèi'ěrtèlǐ	Robert Esnault-Pelterie
Apollo GO		a Baidu driverless car
		B
巴黎世界博览会	Bālí Shìjiè Bólǎnhuì	Paris World Fair (Exposition Universelle)
北京理工大学	Běijīng Lǐgōng Dàxué	Beijing Institute of Technology
		D
达特茅斯学院	Dátèmáosī Xuéyuàn	Dartmouth College
戴高乐	Dàigāolè	Charles de Gaulle
德保罗大学	Débǎoluó Dàxué	DePaul University

	G	
戈达德	Gēdádé	Robert Hutchings Goddard
谷歌	Gǔgē	Google
国防科技大学	Guófáng Kējì Dàxué	National University of Defense Technology
	H	
哈尔滨工业大学	Hā'ěrbīn Gōngyè Dàxué	Harbin Institute of Technology
	K	
卡耐基梅隆大学	Kǎnàijī Méilóng Dàxué	Carnegie Mellon University
	L	
李约瑟	Lǐ Yuēsè	Dr. Joseph Needham, the author of *Science and Civilization in China*
鲁班	Lǔ Bān	Lu Ban, a Chinese master carpenter
禄丰始熊猫	Lùfēng Shǐxióngmāo	Ailurarctos lufengensis
	M	
麻省理工学院	Máshěng Lǐgōng Xuéyuàn	Massachusetts Institute of Technology
马斯克	Mǎsīkè	Elon Musk
慕尼黑联邦国防军大学	Mùníhēi Liánbāng Guófángjūn Dàxué	Bundeswehr University Munich
	N	
NASA		National Aeronautics and Space Administration
	P	
帕尔玛大学	Pà'ěrmǎ Dàxué	University of Parma
《霹雳游侠》	《Pīlì Yóuxiá》	*Knight Rider*, an American film
	Q	
钱学森	Qián Xuésēn	Qian Xuesen, or Tsien Hsue-shen

	S	
商朝	Shāng Cháo	Shang Dynasty (about 1600 BC–1046 BC)
沈阳自动化研究所	Shěnyáng Zìdònghuà Yánjiūsuǒ	Shenyang Institute of Automation
斯坦福大学	Sītǎnfú Dàxué	Stanford University
	W	
万户	Wànhù	Wan Hu, name of a Chinese official
万户山	Wànhù Shān	a lunar crater named after Wan Hu
文远知行	Wényuǎnzhīxíng	WeRide
	X	
《心理科学》	《Xīnlǐ Kēxué》	*Psychological Science*
	Y	
扬・勒丘恩	Yáng Lèqiū'ēn	Yann LeCun, Chief AI Scientist at Meta and Silver Professor at New York University
约翰・麦卡锡	Yuēhàn Màikǎxī	John McCarthy
约瑟夫・费拉里	Yuēsèfū Fèilālǐ	Joseph R. Ferrari, a professor of psychology at DePaul University in Chicago
	Z	
赵九章	Zhào Jiǔzhāng	Zhao Jiuzhang
周恩来	Zhōu Ēnlái	Zhou Enlai

附录三 参考文献

第一单元 无处不在的人工智能

[1] 李开复，王咏刚 . 人工智能 [M]. 北京：文化发展出版社，2017.

[2] 罗素，诺维格 . 人工智能：一种现代的方法（第 3 版）[M]. 殷建平，祝恩，刘越，等译 . 北京：清华大学出版社，2013.

第二单元 绿色 GDP

[1] 环境保护部科技标准司，中国环境科学学会 . 环境噪声污染防治知识问答 [M]. 北京：中国环境出版集团，2018.

[2] 科普中国. 3 分钟回答你对垃圾分类的所有疑问 [EB/OL].（2019-07-01）[2021-12-20]. http://www.kepu.net.cn/ydrhcz/ydrhcz_zpzs/ydrh_2019/201907/t20190701_479496.html.

[3] 科普中国. 温室效应、污染……冰川融化时，没有一个人是无辜的 [EB/OL].（2020-12-09）[2021-12-01]. http://www.kepu.net.cn/ydrhcz/ydrhcz_zpzs/ydrh_2020/202012/t20201209_492043.html.

[4] 科普中国. 危！海平面正在上升，人类能逆转这个局面吗？ [EB/OL].（2021-10-18）[2021-12-01]. http://www.kepu.net.cn/ydrhcz/ydrhcz_zpzs/ydrh_2021/202110/t20211018_495473.html.

[5] 孙承詠，韩威 . 环境科学概论 [M]. 北京：中国人民大学出版社，2009.

[6] 王金南，蒋洪强，曹东，等 . 绿色国民经济核算 [M]. 北京：中国环境科学出版社，2009.

[7] 赵景联，徐浩 . 环境科学与工程导论 [M]. 北京：机械工业出版社，2019.

[8] 周传斌：垃圾分类与利用 [EB/OL].（2020-05-20）[2021-12-20]. http://www.kepu.net.cn/openday/openday2020/bjfy/sthjyjzx/kxgkk_42833/202005/t20200520_485587.html.

第三单元 师法自然

[1] 陈国东，陈思宇，傅桂涛 . 专题设计：竹产品认知与创意 [M]. 北京：中国建筑工业出版社，2019.

[2] 聂影 . 混凝土艺术 [M]. 北京：中国建材工业出版社，2015.

[3] 许兰杰 . 神奇的“生物钢”：仿蜘蛛丝纤维 [J]. 江苏丝绸，2006（02）：6-8.

[4] 张宇红 . 工艺设计：材料与加工工艺 [M]. 北京：中国电力出版社，2012.

第四单元　飞到月球上去

张天蓉 . 揭秘太空：人类的航天梦 [M]. 北京：清华大学出版社，2017.

第五单元　纯种猫的痛

[1] 林静 . 生物的演化：进化 [M]. 北京：中国社会出版社，2012.

[2] 林静 . 生命的复制：克隆 [M]. 北京：中国社会出版社，2012.

[3] 覃永恒 . 概括的力量 [M]. 长沙：湖南人民出版社，2019.

[4] 尹烨 . 生命密码：你的第一本基因科普书 [M]. 北京：中信出版社，2018.

[5] 中国地质学会 . 生命探索　人类起源 [M]. 北京：地质出版社，2018.

第六单元　绿色出行

[1] 洪伟权，谭华，张海涛 . 国内外自动驾驶发展态势 [J]. 通信企业管理，2021（03）：54-57.

[2] 金善科 . 无人驾驶汽车的概念及发展 [J]. 中国科技术语，2017（03）：75-78.

[3] 优文库 . 奔赴无人之境：Apollo GO 2020 运营报告 [EB/OL].（2021-01-08）[2022-11-01]. https://www.1848.cn/doc/14210.html.

[4] AI 未来 . 聊聊无人驾驶汽车的发展历史（二）：军方、大学和汽车公司合作研究 [EB/OL].（2019-12-18）[2021-10-02]. https://www.cnblogs.com/yfinn/p/12064105.html.

[5] AutoR 智驾 . 中国首份 Robotaxi 报告：传统出行工具正被替代　37% 乘客接受无人车 [EB/OL].（2021-11-25）[2022-10-07]. https://www.yoojia.com/article/9655098528833498546.html.

第七单元　打败负面情绪

[1] 果壳 . 这篇关于“拖延症”的文章，原本定于 1 月发布 [EB/OL].（2020-06-28）[2022-11-2]. https://m.thepaper.cn/baijiahao_7925762.

[2] 科普中国 . 聊得好好的，怎么就吵起来了？ [EB/OL].（2021-11-09）[2022-11-02]. https://baijiahao.baidu.com/s?id=1715918559310681680&wfr=spider&for=pc.

[3] 科普中国 . 为什么看到别人受伤，你也会痛？ [EB/OL].（2022-01-20）[2022-11-02]. https://baijiahao.baidu.com/s?id=1722439818851289294&wfr=spider&for=pc.